Exploration and Research on
Grassroots Social Governance
Mechanisms in Dongguan

东莞基层社会治理机制
探索与研究

郑玉敏◎著

中国政法大学出版社

2022·北京

图书在版编目（CIP）数据

东莞基层社会治理机制探索与研究/郑玉敏著.—北京：中国政法大学出版社，2022.12

ISBN 978-7-5764-0819-5

Ⅰ.①东… Ⅱ.①郑… Ⅲ.①社会管理－研究－东莞 Ⅳ.①D676.53

中国国家版本馆CIP数据核字(2023)第013505号

出 版 者	中国政法大学出版社
地　　址	北京市海淀区西土城路 25 号
邮寄地址	北京 100088 信箱 8034 分箱　邮编 100088
网　　址	http://www.cuplpress.com (网络实名：中国政法大学出版社)
电　　话	010-58908289(编辑部) 58908334(邮购部)
承　　印	北京京鲁数码快印有限责任公司
开　　本	880mm×1230mm　1/32
印　　张	8.75
字　　数	185 千字
版　　次	2022 年 12 月第 1 版
印　　次	2022 年 12 月第 1 次印刷
定　　价	45.00 元

总　序
General Preface

　　《松湖政法论丛》是东莞理工学院政法学院法学、行政管理和社会工作三个专业的老师围绕着法律及与法律相关问题撰写的学术专著、政法学院邀请到的学术名家与实务精英们的学术报告汇编并公开出版的系列丛书。

　　东莞市坐落在广州和深圳之间，地理位置得天独厚，东莞理工学院是广东省东莞市唯一的本科高校。由于我们学校地处国家级经济开发区松山湖畔，本论丛故此取名为《松湖政法论丛》。

　　政法学院是非常年轻的学院，成立于 2008 年，法学学科是院内比较强的学科，院内除了法学专业的老师，其余老师的主要研究领域基本属于哲学、政治学、社会学、管理学等。专业有分工，但学术联系非常紧密。首先，院内三个专业的课程体系中有很多互相交叉的课程，老师们在任课过程中吸收着彼此的研究成果，从而能够深入阐述知识体系和比较全面地解答学生的问题，同时推动这些学科的共同进步；其次，在政法学院，法学学科人数较多，但在研究过程中，其他学科的老师们共同参与的现象比较普遍，这不仅是因为有关法律现象的许多问题属于法学与这些学科的共同问题，而且他们已经形成了很强的合作意识和团队精神；最后，在依法治国的今天，法学教育者和法律实务工作者都认识到具备广博的人文知识和深厚的人文情怀的重要性，必须吸收哲学、政治学、社会学、管理学等学科的知识，才能锻造出过硬的本领。所以，我们出版的本系列论丛，论域较广，围绕法学并涉及哲学、政治学、社会学、管理学等内容，几乎包揽了政法学院众多老师的研究领域。

愿本论丛能为我院老师的学术进步起到很好的推动作用，能为我院与校外学术界架起一座桥梁，能为外界了解我们打开一扇窗户。我院老师来自五湖四海，从学缘上来看，绝大多数老师毕业于国内名校，包括北京大学、清华大学、中国人民大学、吉林大学、南开大学、武汉大学、上海交通大学、南京大学、中山大学等，以及法学教育重镇中国政法大学、西南政法大学，还有在英国、意大利、中国香港获得法学博士学位的三位年轻教师。虽然大家有良好的求学经历，但由于学校、学院起步晚，影响力小，大家都希望找到一个好的途径或方式让外界知道还有一群人在远离喧闹的都市处从事着神圣的法学及其相关问题的学术研究。本论丛也许是最佳的选择！

　　本论丛的出版得到了东莞理工学院学术专著出版基金的资助，学校从 2014 年开始把法学学科列为重点学科培育计划，所以出版资金有了来源，在此，我们对学校表示衷心的感谢！

强昌文

2014 年 12 月 1 日

于松山湖教师村

前 言
Foreword

　　近年来，"基层维稳"这个词汇受到社会各界前所未有的关注。无论是各级政府对于"基层维稳"的理解和贯彻还是民间以及学界对于"基层维稳"的评判和解析，都体现出基层社会稳定在中国当前政治社会生活中的重要性。党的十九大报告指出："人民美好生活需要日益广泛，不仅对物质文化生活提出了更高要求，而且在民主、法治、公平、正义、安全、环境等方面的要求日益增长。"随着人民群众物质生活水平的提高，安定和谐的生活环境是人民群众的普遍希求。党的十八届四中全会提出，全面推进依法治国，基础在基层，工作重点在基层。基层组织是连接国家与民众的"桥梁"，是体现政府形象的"窗口"，是实施法律的"终端"，是各种社会矛盾交汇的"焦点"，因而成为法治社会建设的重点、起点和关键所在。东莞由于地理位置特殊、人口结构特殊、行政架构特殊、农村集体经济规模大、社会发展相对超前，因而纠纷较多。随着城镇化、工业化的快速发展和经济急剧转型，东莞基层社会矛盾与危机日益凸显，社会治理面临着严峻的挑战。其中现实问题与历史问题相互叠加，经济问题与社会问题相互渗透，直接利益群体与非直接利益群体相互影响，多数人合理诉求与少数人不合理要求相互交织，滋生了影响社会平安稳定的消极因素，基层维稳形势较为严峻。近几年，与民生密切相关的行政群体性案件、新类型案件、复杂敏感案件大幅增加，这些社会影响大、矛盾对抗性强的群体事件不断考验着东莞基层的社会治理能力。作者近年多次以接受东莞市有关部门项目委托的形式针对东莞基层维稳问题进行多角度研究，形成了多份调研报告，本书主要是这些调研报告的整理汇编。

全书包括五章，详述如下：

第一章"东莞基层维稳与矛盾预防化解机制研究"。这一章主要是研究东莞市横沥镇的基层维稳机制，主要目的在于通过研究东莞维稳与矛盾预防化解机制建立和运行中的困境，总结和梳理东莞基层社会矛盾和社会风险的种类、特点及影响；同时运用法律思维分析问题的症结和根源，以法治思维和法治原则为指导，探讨并提出在现有的机制框架内，如何有效地化解矛盾及如何发挥现有机制的作用，提出基层维稳与矛盾预防化解机制改革的建议。在此基础上，反思传统的人治思维对基层维稳和矛盾预防化解机制建立和运行的影响，以期寻找重构和完善基层维稳和矛盾预防化解机制的可行路径。

第二章"莞城街道物业管理纠纷法律问题研究"。这一章主要是研究东莞市莞城街道的物业管理纠纷问题。本章分析了筹委会成立难、业委会成立及换届难的法律问题，以及业委会、筹委会成立过程中的街道、社区、房管所的职责与作用；针对新旧物业交接以及物业真空期的法律问题和其他物业纠纷中的重点、难点问题提出了相应的法律对策。在此基础上提出了完善物业管理和物业纠纷解决工作机制的对策和建议。

第三章"东城街道推动全民普法纵深开展的探索与实践"。这一章以东莞市东城街道普法活动为研究对象，总结和梳理了东城街道推进全民普法纵深开展的经验，包括充分整合资源，构建多元参与的社会化普法新格局；谋普法对象由"单位人"向"社会人"转变，由向固定人群普法到向流动人群普法发展；精准普法不断提高针对性和实效性；创新普法形式以推动日常线下普法走向立体化的智慧普法；打造"四个品牌"、创建"四个支撑"、建立普法长效机制。这些经验对其他地区有很好的参考和借鉴意义。

第四章"东莞以信息化提升基层社会治理能力的探索与实践"。这一章主要介绍东莞镇街在推动社会治理智能化方面的举措和经验，包括通过智慧城市建设促社会发展、通过智慧治理促基层社会和谐和以"互联网+全民创安"提高治安"防管控"信息化水平。这些举措展示了东莞在推动基层治理信息化建设方面的主要成绩。

第五章"东莞工青妇等重点群团组织联动共建研究"。本章主要聚焦东莞工青妇等重点群团组织的联动共建。在分析东莞工青妇等重点群团组织联动共建的必然性、必要性和可行性的基础上,明确了东莞工青妇等重点群团组织联动共建的基本思路和原则,提出了东莞工青妇等重点群团联动共建的策略以及主要内容。

第六章"东莞应急志愿者动员与组建机制研究"。这一章主要研究东莞的应急志愿者动员与组建机制,主要包括应急志愿者动员与组建机制的内容概括、作用梳理、现状分析。最后提出了完善东莞市应急志愿者动员与组建机制的对策和建议。

本书作者长期关注东莞基层维稳与矛盾预防化解机制研究,关注基层社会治理理论与实践发展趋势和研究成果。本书既包括理论论述也包括实证研究。水平所限,本书存在不足在所难免,恳请学术界同仁以及读者评点和斧正。

本书的出版得到中国政法大学出版社以及东莞理工学院学术出版基金的支持,在此一并表示感谢。

郑玉敏
2020 年 10 月 6 日

目 录
Contents

第一章 东莞基层维稳与矛盾预防化解机制研究

引　言

本项目是东莞理工学院法律与社会工作学院受东莞市横沥镇人民政府委托完成的对基层镇基层维稳形势现状、维稳机制的建立、社会矛盾和社会风险的排查分析和现有维稳与矛盾预防化解机制运行的现状、存在的问题以及改善的对策进行的调研和总结。

第一节　本项目研究路径与主要观点

为准确了解横沥镇基层维稳的相关问题，项目组分别召开了镇一级承担基层维稳工作的政法办、人力资源分局、社保分局、司法分局、社工委、信访办、公安分局等负责维稳和矛盾化解的工作部门的领导座谈会，横沥镇 13 个村人民调解员座谈会，并向横沥镇从事基层维稳工作的有关人员发放了问卷。项目组认真梳理和总结了两个座谈会的与会人员反馈的意见和建议，对问卷结果进行了总结和分析。此外项目组还到东莞的其他镇街进行了交流和调研，了解它们在基层维稳与矛盾预防化解方面开展的一些改革和举措；同时项目组还进行了全面的资料收集和文献调研，参加了有关基层法治建设的学术研讨会，与省内外专家进行了研讨和交流，在此基础上形成了研究报告——《基层维稳与矛盾预防化解机制研究》。

一、有关本问题的国内外研究现状

目前国内理论界和实务部门对基层维稳和矛盾预防化解机制的研究主要是从宪政制度、行政法学、政治体制现代化、危机管理等角度展开，分析基层维稳和矛盾预防化解机制的主要特点，论述有关制度的功能定位、存在的问题，探究完善有关制度的法制化、规范化和制度化的模式和路径。虽然已有一定数量的基层维稳面临的现实问题与对策研究的文献，但系统性的理论研究并不多见，多是在旧的矛盾调处机制下的问题研究，已不能满足新形势下的基层维稳现状。基于中国的特殊国情，虽然可以借鉴国外的经验，却不能照搬国外的研究成果，必须立足本国实际情况进行探索。维稳和矛盾预防化解机制重构方面的代表性研究有：

第一，中共广西区委党校陈发桂对基层维稳机制理性化构建有较为系统的研究，主要成果有：专著——《理性建构基层维稳机制研究》；论文——《基层维稳的行动逻辑：从体制化运行到社会化运行》《民权保障：基层维稳机制有序运行的逻辑起点——基于维稳与维权关系的分析框架》《构建多元共治的基层维稳新机制》《我国基层维稳面临的现实困境及理性选择——以非政府组织参与的价值和限度为视角》等。主要观点是：要有效解决目前基层维稳机制存在的非理性化问题，应当落实中共十八大所确立的以"党委领导、政府负责、社会协同、公众参与、法治保障"为核心的基层维稳创新机制，使基层维稳运行机制从传统的"管控"型与"绥靖"型模式向"法治"型模式转化才能有效消解基层政府与社会公众间的非理性冲突。可见，法治是维稳参与主体间寻求沟通、理解与双赢，实现基层维稳机制理性化运行的必由之路。

第二，清华大学社会学系的研究报告——《以利益表达制度化实现社会的长治久安》。该报告指出，目前我国基层稳定思维的误区之一是将民众的利益表达与社会稳定对立起来，将公民正当的利益诉求与表达视为不稳定因素，通过压制弱势群体的利益表达来实现短期内的社会稳定。该报告建议改变目前社会利益关系失衡的局面，并为社会不满情绪的宣泄提供制度化的通道，促进民间组织的发育，形成化解社会矛盾和社会冲突的社会性机制。

基层维稳与矛盾预防化解机制本身是一个综合的系统的问题，其研究当然需要在多学科的背景下展开。陈发桂教授和清华大学社会学系的研究都强调对基层维稳机制的社会化构建，而目前的中国基层维稳和矛盾预防化解机制也是在这种思路的指导下发展着。社会化思维指导下的大调解思维弱化了纠纷当事人诉诸诉讼的意愿，实际上由政府主导的纠纷解决机制混淆了行政权与司法权的界限。实践中就是基层大量的矛盾被信访体制所吸纳，大量的常规治理工作甚至应归属其他部门的工作都被纳入信访工作的框架，导致大量基层矛盾难以有效化解，并导致信访治理陷入困境。在基层改革的背景下，基层治理问题都被纳入信访维稳体制。

因此本项目组认为基层维稳与矛盾预防化解机制的研究必须在真正的法治思维和法治框架内展开。

二、本研究报告的总体框架和基本内容

项目组在实证调研和文献分析的基础上，形成了《基层维稳与矛盾预防化解机制研究》，该研究的总体框架和基本内容如下：

· 横沥镇基层维稳与矛盾预防化解机制的建立

1. 预防机制的构建

2. 化解机制的构建

· 横沥镇基层维稳与矛盾预防化解机制运行中的成效与困境

1. 机制运行的成效

2. 机制运行中的困境

· 基层维稳与矛盾预防化解机制的反思

1. 症结分析

2. "诉访"难分离的症结探讨

3. 现有维稳思维的误区

· 东莞基层社会风险和社会矛盾分析

1. 历史遗留问题久拖不决成为社会矛盾爆发的风险点

2. 工业化、城市化进程中的主要社会矛盾和社会风险分析

3. 东莞进入新时代后的主要社会矛盾和社会风险分析

· 基层社会矛盾预防与化解机制的再构

1. 以法治思维指导基层矛盾预防化解机制

2. 现有制度框架内完善基层维稳与化解机制建议

3. 基层社会矛盾预防化解机制的体制与机制改革

三、拟突破的重点和难点问题及主要创新之处

(一)拟突破的重点和难点问题

从我国基层稳定的现状看,影响基层稳定的最主要问题在于群体性事件。基层政府直接面对群体性事件的破坏力,稍有不慎就会产生严重的后果,这不仅给基层政府带来极大的考验,也挑战着基层维稳机制的有效运行。而处理群体事

件最困难的就是当事人通过信访等手段而不是通过法定途径实现诉求。因此本课题拟突破的重点和难点问题就是要直面维稳工作中的两个困境问题：一是症结分析；二是"诉访"难分离的症结。尝试在实证研究和文献研究的基础上，从理论上分析上述现象背后的维稳思路、维稳模式的异化，以法治思维重构基层社会矛盾预防化解机制。

（二）主要创新之处

坚持运用法治思维和法治方式化解矛盾、维护稳定的理念，在实证调研的基础上，坚持从制度设计反思现有基层矛盾预防化解机制所存在的问题，运用法治原则重构我国基层矛盾预防化解机制。

第一，本项目是在对东莞特别是横沥镇基层维稳机制的实证调研的基础上进行的，即以中国基层维稳的实际情况为逻辑起点，突出中国基层的特点。

第二，在实证研究的基础上，着重从制度层面进行理论研究，因为基层维稳机制运行到今天已经进入恶性循环，一再地增加人力物力已经达不到维稳的目的，反而走向责任不清、互相推诿的困境，社会化的维稳思路和大调解的维稳格局已经在一定程度上偏离了轨道。

第三，运用法治原则重构是我国基层矛盾预防化解机制建设的唯一路径。其中最根本的是还社会纠纷应有的解决途径，还司法机关应有的权威，这涉及行政机关和司法机关的权力边界，因此需要系统的研究和机制改革。

四、研究方法和技术路线

(一) 研究方法

本课题主要采用实证分析与理论分析相结合的方法，以中国基层维稳的实际情况为逻辑起点，突出中国基层的特点，并针对其现状和存在的问题，进行较为深入的理论研究，具体包括实地调研、问卷调研与访谈法，案例分析法，资料文献分析法，系统分析法，理论分析、归纳推理和演绎推理法。

(二) 技术路线

总体的技术路线是以东莞横沥镇基层维稳的实际情况为逻辑起点，突出东莞基层的特点；然后以点带面地反思我国基层维稳制度中的问题，以法治思维重构我国基层维稳与矛盾化解机制，并对东莞基层维稳机制建设提出具体建议。

五、主要观点

项目组认为，横沥镇和东莞其他镇街一样，详述如下：

第一，横沥镇已经建立了由司法、公安、信访、社保、人资分局等单位参与的综治维稳中心，以人民调解、行政调解、司法调解为手段，以社会矛盾、社会风险的评估和排查为主的矛盾预防机制和调解、诉讼、仲裁相结合的多元化纠纷解决机制。人民调解逐渐向专业化、行业化方向发展，社会组织介入纠纷解决机制开始建立。企业调解组织和诉前联调机制尝试运行。

第二，前述机构在基层维稳中发挥了应有的作用，但维稳机构的扩张和维稳工作的投入并没有带来维稳工作的实质性好转，某种程度上陷入了一种怪圈。基层维稳工作的主要困境在于纠纷当事人选择通过信访而不是法定途径解决纠纷，诉访分离难。另外，东莞特殊的地理位置、特殊的人口结构、特殊的发展模式、特殊的行政架构使得东莞的纠纷频发，历史遗留的征地补偿纠纷、欠缴社保纠纷随着时间的推移都存在爆发群体性事件的风险；而新时代后的劳资纠纷、集体资产分配纠纷、物管纠纷等领域相关法律的缺位又给纠纷解决带来新的问题。

第三，社会纠纷的复杂性和潜在社会风险的不确定性需要有效的矛盾预防机制，而现有的机制却暴露了诸多问题。首先是为大调解而配置的调解员由于兼职的特点和业务素质的限制无法适应现实矛盾纠纷的解决；维稳机构的扩张导致维稳工作责任不清；人民群众权利意识的觉醒并没有伴随法律思维和法律意识的增强，纠纷不走法定途径而选择通过围攻政府和上访解决，通过向领导施加压力而获得自我利益的满足。

第四，反思现有的纠纷预防和化解机制能够发现，人治思维主导了现有的纠纷预防和化解机制。首先大调解格局和调解先行机制弱化了当事人诉诸仲裁、诉讼等法定纠纷解决方式的意愿；实质上由行政机关主导的调解机制混淆了行政权和司法权的界限，作为社会经济事务管理者而不是纠纷解决者的政府官员陷入了维稳工作的困境。

第五，习近平强调，凡属重大改革都要于法有据。在整个改革过程中，都要高度重视运用法治思维和法治方式，发挥法治的引领和推动作用，运用法治思维处理社会矛盾，是我国预防与化解基层社会矛盾的主要路径。强调法治思维和法治方式，对化解社会矛盾、维护社会稳定具有重要意义。实践也证明，偏离法治轨道的维稳，只会陷入恶性循环。党的十九大把"坚持全面依法治国"作为新时代坚持和发展中国特色社会主义的十四条基本方略之一；在系统治理、依法治理、综合治理、源头治理"四个治理"发展创新的基础上，提出了社会治理社会化、法治化、智能化、专业化"四化"要求。运用法治思维和法治方式化解矛盾、维护稳定是基层维稳和矛盾化解机制重构的必然选择。

第六，如何运用法治思维和法治方式化解矛盾，笔者认为可从以下几个方面着手：

首先，在现有的机制和体制框架下，基层维稳工作应侧重从以下几个维度进行改进：①人民调解要向中立性、专业性发展，可以借鉴其他地区的做法，采用专职调解员制度，聘请具有法律专业背景的人士担任调解员；同时适时发展专业性、行业性人民调解组织；引导社会组织参与纠纷解决。②针对东莞纠纷的特点，建立系统的以案释法和释法说理机制。③通过舆论引导群众选择法定途径解决纠纷。对一些典型维权案例进行全方位的宣传，尤其是那些群众最初想通过上访解决问题，后来通过法律途径实现维权目的的案例，让群众明白通过法律途径解决纠纷或者维权才是正确的道路。此外，也要让群众了解违法维权以致干扰社会秩序和公务秩序会受到法律的制裁。④建立普法和学法的长效机制。从领导干部带头学法守法，拓展到各级党组织和全体党员带头尊法学法守法用法。基层领导干部的法律思维和依法办事能力对于减少纠纷，消解人民群众的不满，引导群众选择法定途径解决纠纷至关重要。⑤正确认识、合理引导和依法处理群体性事件。

其次，基层维稳机制必须从体制和机制上进行改革。①信访制度要回归理性地位，同时改革考核机制中信访制度量化指标，即处理信访工作的人员不应该为信访问题本身负责。②改革政府和行政机关主导纠纷解决之机制，纠纷解决机制应具备中立性和专业性。③建立以司法解决为中心的纠纷解决机制，避免政府在社会矛盾中处于首当其冲的位置，强化政府作为社会管理者而不是纠纷解决者的角色；强化和完善解决社会矛盾和冲突的法治机制，使法治成为解决社会矛盾和社会冲突的长效制度化手段。④完善相关的法律法规，让基层工作人员处理问题有明确的依据。

维稳是一项关系国家长治久安、带有强治理色彩的重要工作。而基层维稳又是整个维稳体制的重心和难点，尤其是在社会急剧转型的当代中国，基层维稳过程中公众利益诉求表达行为呈现出数量扩大、规模增加、行为激烈、诱点多发、涉及面广、对抗性强等特点。基层政府是维稳的前沿阵地，处在国家治理体系中较为脆弱的节点。基层政府的维稳行为直接关系到地方治理的成败。

本项目尝试通过研究东莞基层维稳和矛盾预防化解机制在建立和运行中的困境，运用法律思维分析问题的症结和根源，在此基础上希望在如下两个方面进行努力和尝试：其一，在现有体制框架内提出完善东莞基层维稳和矛盾预防化解机制的具体建议；其二，运用法治思维提出重构我国基层维稳和矛盾预防化解机制的思路与可能路径。

第二节　横沥镇基层维稳与矛盾预防化解机制的建立

一、预防机制的构建

（一）建立严格的矛盾排查机制

横沥镇坚持以"排查得早、发现得了、控制得住、解决得好"为指导，做到排查到位、调处到位、防控到位、宣传教育到位，积极引导群众合法维权，努力把矛盾纠纷化解在萌芽状态。

司法局不定期开展矛盾纠纷排查，通过"早发现、速调查"提前排查出群众的矛盾纠纷，并迅速将矛盾纠纷化解在萌芽阶段，避免矛盾的扩大化，有效地维护社会稳定。为营造和谐稳定的社会环境，最大限度地把矛盾纠纷解决在基层、化解在萌芽，2017年司法局先后18次深入村居、企业和工业园区开展矛盾纠纷排查调处，成功调处矛盾纠纷59宗。2017年5月10—17日换届选举期间，组织各村（社区）调委会开展了一次"保稳定、促和谐"矛盾纠纷排查化解专项活动，共排查出6宗矛盾纠纷，为村（社区）委会换届选举工作营造了良好的氛围。

综治信访维稳中心紧紧围绕《横沥镇综治信访维稳中心社会矛盾纠纷排查调处制度》，对各类矛盾纠纷和不稳定因素进行排查调处。在排查工作中，按照"属地管理"和"谁主管、谁负责"的原则，主要采取日常排查、定期排查、专项排查和特别防护期排查等排查方式，组织排查矛盾纠纷；对重大矛盾纠纷或涉及两个以上部门管理职能的矛盾纠纷，组织有关职能部门联合开展排查行动。

（二）建立镇一级矛盾纠纷台账，不断规范台账管理

横沥镇综治信访维稳中心建立了《受理事项总登记簿》《会议记录簿》《交办、督办、销案通知书》《排查整治登记簿》和《主要工作数据月报表》"五套台账"的管理，成立台账档案组，由司法分局局长担任组长，成员由司法分局、综治办、信访办等部门共计五人组成，按照省市的统一要求和标准，进一步规范综治信访维稳中心簿册管理，做好五套台账的整理归档工作。对于综治信访维稳中心受理的每宗案件，都安排专人跟进建立调处工作台账，做到"一案一册"，同时要求各村（社区）工作站和工业园区工作室按照标准，完善工作台账管理，逐步实现台账资料管理工作的标准化、规范化，充分发挥镇综治信访维稳工作平台的作用。

二、化解机制的构建

（一）建立完善的人民调解网络

1. 健全基层调解网络

横沥镇建立了以镇人民调解委员会为主导，村（社区）人民调解委员会为基础，企事业、行业性、专业性、区域性人民调解委员会为触角的多层次、宽领域的新时期人民调解工作构架，健全了基层调解网络。人民调委会有效地缓和了矛盾，也发挥了第一道防线的作用。全镇建立人民调解组织

54个，包括镇人民调解委员会1个、村（社区）人民调解委员会17个、企业人民调解委员会29个、行业性专业性人民调解委员会7个，共有调解人员293名。基层人民调解组织逐步规范、健全。

2. 进行企业建立调解组织的试点

（1）市人力资源局在各个镇成立了人力资源调解组织作为试点。横沥镇也选择了五家企业成立了劳动中立调解组织。

（2）设立了专业性调解组织，包括市场和物业小区等，有三个物业小区成立了调委会。

（二）建立多元纠纷解决机制

建立了调解、诉讼、仲裁等多元纠纷解决机制，建构了人民调解、行政调解和司法调解相衔接的大调解格局。

（三）加强维稳机构的设置和维稳队伍建设

1. 配齐配强综治信访维稳工作人员

镇综治信访维稳中心设主任1名，由镇委副书记担任；设副主任7名，分别由党政办、公安分局、维稳及综治办、信访办、司法分局、人力资源分局、社保分局的负责人担任。人员方面，信访办5人、司法分局10人、综治办9人，劳动、社保等部门各派1名工作人员进驻综治信访维稳中心办公。有村级综治工作站17个，工业园区综治工作室3个，按照每个站（室）2名工作人员的标准共配齐了工作人员40人。

2. 健全综治信访维稳工作运作模式

镇综治信访维稳中心认真按照"镇党委政府领导，综治牵头，部门联动，齐抓共管"的原则，实行密切联系、统一管理，把全镇相关职能部门融为一体，认真推行"四个一"运行机制（即"一个窗口服务群众""一个平台处理问题""一个领导跟进负责""一个机制监督落实"），通过"六联"（即"联合调解""联合防控""联勤联动""联合治理""联合创建""联合管理"）的工作机制，促使各相关部门形成工作合力。坚持发挥自身在排查、调处、化解矛盾纠纷上的优势，以人民调解、行政调解、司法调解为手段，积极调处化解各类矛盾纠纷和不稳定因素，同时又紧密结合平安建设、治安防范、严打整治、安全生产、法制宣传、流动人口管理服务等方面的工作，充分发挥"打、防、教、管、建、改"六大功能，实现"六提高六减少"，共同维护全镇的稳定。

（四）平安建设促进会作为社会组织参与纠纷预防与解决

2015 年，根据东莞市统一部署，横沥镇成立了平安建设促进会，主要目的在于发挥社会力量的作用，使其服务于社会矛盾化解领域、突发事件处置领域、法制宣传教育领域、社会群众发动领域，参与基层社会建设和平安社会促进工作。

（五）完善镇基层依法治理体制机制

第一，完善公共法律服务体系，全面落实"一村（社区）一法律顾问"制度，设立了法律顾问工作室。

第二，健全社区矫正工作体系，强化社区矫正及安置帮教工作，建立了工作小组，完善了档案制度。

第三，建立了"网格化"治理格局，构建了镇主导、村配合的村居规划引导机制，围绕社会治理"一张网"目标，规范基层治理基本单元，科学划分村（社区）网格，形成全覆盖、无缝隙、规范统一的基层治理网络。

第三节 横沥镇基层维稳与矛盾预防化解
机制运行中的成效与困境

一、机制运行的成效

横沥镇已经建立了以综治信访维稳中心为统筹协调的，由司法、公安、信访、社保、人资分局等单位参与的，以人民调解、行政调解、司法调解为手段的，以社会矛盾、社会风险的评估和排查为主的矛盾预防机制和调解、诉讼、仲裁相结合的多元化纠纷解决机制。人民调解逐渐向专业化、行业化发展，社会组织介入纠纷解决机制开始建立，企业调解组织和诉前联调机制尝试运行。

（一）人民调解发挥作用较为明显

2017 年 1—9 月，各级人民调委会共调处矛盾纠纷 238 起，调解成功 228 起，调解成功率约 96%，有效地缓和了人民内部矛盾，人民调解工作发挥了"第一道防线"的重要作用。这些矛盾纠纷中，婚姻家庭、邻里纠纷 51 起，合同纠纷 50 起，赔偿纠纷 41 起，劳动纠纷 52 起，其他纠纷 44 起。

（二）劳动纠纷调解成功率达到 80%

东莞是劳资矛盾高发区，横沥镇非常重视劳资纠纷的调解和矛盾的排查。80%的劳动纠纷在基层调解机构得到处理，剩余 20%调解不成功的才选择仲裁、诉讼等法律途径进行处理。

（三）平安建设促进会工作有成效

2016 年，横镇平安建设促进会参与、开展各类法制安全宣传 32 场次，受宣传群众 5300 多人；协助排查社会矛盾纠纷和不稳定因素 15 宗，参与调处成功化解 11 宗；对重点人员、社矫人员等开展探访服务 17 次。

（四）综治信访维稳中心在统筹解决社会纠纷中发挥重要作用

在调处化解矛盾纠纷的过程中，综治信访维稳中心针对不同情况，综合运用法律、政策、经济、行政等手段和教育、协商、调解、仲裁等方法调处化解矛盾纠纷。对于重大矛盾纠纷，综治信访维稳中心认真落实由镇分管领导包案调处制度，确保能够及时妥善调处化解矛盾纠纷。2016 年 10 月 1 日至 2017 年 9 月 30 日，镇综治信访维稳中心共受理来访案件 84 宗，化解 82 宗，化解率为 97.6%，其中现场调解 71 宗，现场成功调解 71 宗，现场调解成功率为 100%；受理来信、来邮、来电访分别为 7 宗、16 宗和 8 宗，化解宗数分别为 7 宗、16 宗和 6 宗。综治信访维稳中心主要领导参与调处案件 12 宗，调处成功率为 100%。全镇 20 个综治信访维稳工作站（室）共受理调处案件 198 宗，成功化解 169 宗，调处成功率为 85.4%。

二、机制运行中的困境

维稳工作自开展以来，横沥镇政府做出了许多尝试，基层维稳工作人员也付出了很多努力，才有了今天经济繁荣、社会稳定的局面。另外，横沥镇外来人口众多，文化冲突、经济纠纷、社会发展导致纠纷数量巨大。基层维稳人员的辛劳付出使得这些原本会造成社会不稳定的情况基本得到及时解决。但是，社会累积的旧矛盾和社会发展产生的新纠纷互相缠绕，如何处理这些纠纷和矛盾，不断考验着横沥的基层治理能力，而现有的维稳和预防机制也暴露了这些纠纷和矛盾与维稳工作的不适应性问题，详述如下：

（一）村（社区）调委会建设与新时代纠纷解决需要的不适应

1. 村（社区）调委会组织力量薄弱

各村（社区）虽然普遍建立起人民调解组织（调委会），但组织的成员主要是兼职，他们本职工作头绪多、任务重，不能全身心投入到调解工作中。另外，由于基层调解员受自身专业能力和工作能力限制，在调解中可能会出现方法不当、态度不好、知识不够、敏感性不强而引起矛盾纠纷久拖不决和当事人上访的问题。

2. 兼职的人民调解员影响调解作用的发挥

村（社区）调解会的调解员，身兼多职，事务繁多，工作范围广，没有足够的时间和精力去开展人民调解工作，很难应对矛盾纠纷高发期的化解工作；基层人民调解队伍的文化程度相对偏低，特别是没有系统地学习过法律知识，法律政策水平有限，在处理涉及社会生活中的家庭、邻里等一般民间纠纷时，还能顺利进行，但在处理涉及政策、法律的社会经济活动的矛盾纠纷时，便显得捉襟见肘。

3. 调解过程缺乏制度化、规范化

在矛盾纠纷调处过程中，调处结果往往由村干部拍板，因此纠纷解决方式比较简单。在处理纠纷过程中为了求快求安，会采取有悖于政策和原则的做法，使群众无论大事小事都涌向综治信访维稳中心；由于部分村调解纠纷的效率不高，一些群众耐不住性子便直接到政府找领导，虽加速了矛盾纠纷的调解，却使得群众无论大小矛盾纠纷常常直奔党委、政府领导，颠倒了化解矛盾的程序，干扰了政府机关的正常工作秩序。

（二）企业调解组织因不具备中立性而流于形式

近年东莞市人力资源局在各个镇成立了人力资源调解组织作为试点。横沥镇也选择了五家企业成立了劳动中立调解组织，但效果却不令人满意，原因在于企业作为调解方，作为纠纷当事人一方的员工质疑所谓的"劳动中立调解组织"的中立性。经过实践，企业调解组织并未发挥出预期的作用。原因在于企业调解委员会多由企业管理人员组成，难以站在绝对中立的立场进行调解，因此劳动者并不信服，实际调解效果不理想。据了解，其他镇街的企业调解委员会也面临同样的困境，后市人力资源局未再继续铺开企业调解委员会相关组建及完善工作。

（三）维稳部门扩张导致责任不清、职权重叠

东莞的维稳部门众多，有综治办、信访办、司法局、公安局等政府职能部门以及各类人民调解组织和专业性、行业性人民调解组织。这些机构和组织虽然很大程度上便于直观地解决社会纠纷，但过多的维稳部门反而会导致民众甚至政

府忽视一般法律程序，进而导致政府常规部门运作紊乱。这些维稳部门细化到街道级单位的程度，维持其日常运转成本巨大，不引导群众走法律解决纠纷的路线而一味依靠维稳部门，有浪费公帑之嫌。维稳部门之间存在责任不清、职权重叠或混乱的现象。信访办和综治维稳办的职能过分地扩大不利于纠纷的解决。实践中各个职能部门并没有履行好"访"的职责，导致群众在各个职能部门中没有得到满意的解答，才会来到镇级请愿或上访。如果各个职能部门在作出处理决定时，做好解释工作，或者在群众质疑职能部门的处理决定时，能够提供作出该决定的法律依据的话，群众上访事件就会减少很多。

（四）维稳工作人员素质参差不齐且执法过程中缺乏法律思维

从基层讲，维稳人员的素质影响法律作用的发挥，其中，维稳人员缺乏法律思维是最大问题。一些基层政府盲目扩大维稳办编制，大包大揽，甚至越权处理本应由公检法机关处理的事务，部分工作人员不能依法办事，素质参差不齐。很多事件具有突发性、偶发性，基层维稳工作人员不但缺乏经验，而且对事件处理缺乏法律思维。另外，由于东莞社会发展的超前性、东莞行政架构的特殊性，很多问题并没有明确的法律依据，或者执法人员因其业务水平所限不能正确理解和适用法律。维稳工作人员素质参差不齐与执法缺乏明确法律依据有时不仅不利于矛盾纠纷的解决，还可能使纠纷激化。

（五）诉访分离难以推进，不按法定途径解决纠纷成维稳难题

据横沥镇信访办反映，他们在工作中发现有诉访分离难、信访和诉讼功能交错等现象。群众有事找政府、上访的观念根深蒂固，一时难以扭转。当工作人员向信访人解释并引导其用法律途径解决时，信访人往往不愿意采纳。

虽然自《广东省信访条例》实施以来，基层信访人员也在努力推进诉访分离，但现实操作尤其是基层的现实操作是很难的。因为上访人员"不想通过法律解决"的主观意识很强。当事人之所以不想走法律途径解决相关纠纷，就是想引起政府重视，让政府领导出面解决。

（六）对政府的不信任导致群众的非理性化倾向

基层社会矛盾的化解主要依赖行政机关，刚性稳定的目标追求使得社会矛盾的处理方式陷入了困境。群众对政府的不信任导致维稳工作难以开展。一旦发生矛盾冲突，群众对于政府工作的不理解、不信任更是如锁链一般绑在了基层工作人员的脚上，从一开始便戴着镣铐艰难疏通斡旋的基层维稳人员根本无法更高效稳健地落实维稳工作。政府的介入在某些情况下更是如压垮群众情绪的最后一根稻草，使得群众无法解决争端矛盾的急躁心理如洪水暴发般造成更严重的后果，维稳工作反而起到负面作用。在我国某些地区，维稳工作的困境导致恶性信访发展成为一种产业链，一些别有用心的人会选择在特殊时期通过组织越级上访或者非法上访获取不法利益。令基层维稳工作人员非常头痛的问题是，本应承担解决和协调纠纷角色的政府反而成为纠纷当事人的矛头所

向，甚至出现群体性事件。

第四节　基层维稳与矛盾预防化解机制的反思

　　基层维稳问题一直以来都是中国社会基层治理中最令人头痛的问题。近年来，各级政府将大量的人力、物力、财力用于维稳，但社会矛盾和社会冲突的数量并没有减少。要构建有效的维稳机制，我们必须对现有的维稳思路和模式进行深刻的反思。

一、症结分析

（一）大调解格局对诉讼解决机制的弱化

　　调解是中国特色的纠纷解决方式，有着悠久的传统，是中华民族最具活力的法律传统。传统的人民调解制度，主要是针对传统自然经济或计划经济下简单的纠纷形态而设计的，建立在熟人社会的基础上。在我国社会主义市场经济建立后，"熟人社会"逐步转向"陌生人社会"，从法律上而言，人们之间的关系变成了一次性关系和经济学上的可计算关系，从而动摇了人民调解制度的社会基础。客观上，无论是立法还是实践，我国人民调解制度本身也存在亟待解决的问题：一是虽然立法赋予了人民调解委员会广泛的纠纷调解权，但是人民调解委员会专业性不足，人民调解协议又缺乏强制执行力，使得人民调解的影响和作用正在萎缩。二是人民调解在某些问题上显得力不从心。人民调解制度主要针对群众之间的民事纠纷且自愿选择调解的情况。随着社会经济关系的复杂化，一些矛盾纠纷已不是单纯个人之间的问题，当事人可能认为有关部门处理不公，从而出现群体性事件，或者上访等。人民调解委员会对这种问题显然力不从心。三是调解经费保障机制不健全等因素导致调解难以真正发挥作用。另外，在大调解机制下，养机构、养人办事的模式存在一些问题：一是养机构、养人增加了基层政府的财政支出费用；二是各类调解组织一般依据就近原则选拔人民调解员，人民调解员处理社会矛盾的专业水平不高，化解纠纷的能力不强；三是人民调解组织、行政调解组织、司法调解组织各自为政，衔接的有效性不足；四是多方面因素的综合影响，诸如企业人民调解组织、行业性人民调解组织、商事商业人民调解组织很大程度上流于形式，没有真正发挥作用。大调解格局下基层调解组织的网络越发达，其覆盖面就越广，但实际上并没有带来更好的效果。

过多鼓励、引导群众走调解路线会削弱群众选择法定途径解决纠纷的意愿。在大调解背景下，基层政府治理中除了市、镇（街道）、村（社区）人民调解三级调解平台外，还组织成立了专业性、行业性人民调解委员会，企业人民调解委员会，商事商业调解委员会，公安机关调解中心。理论上，基层调解组织的网络越发健全，其覆盖面就越广，预防化解社会矛盾的效果就更好。但是实践中，基层政府直接或者引导设立调解组织的模式，并没有真正发挥预期的作用。大调解格局和调解先行机制弱化了当事人诉诸仲裁、诉讼等法律途径的意愿。

（二）行政机关参与纠纷解决的矛盾化解机制偏离法治轨道

由于深受传统的清官文化的影响，实践中，民众遇到纠纷仍然渴望"包公""海瑞"一样的清官为民做主。基层政府机关在处理矛盾纠纷时，一旦出现不恰当的行政手段和方式，便可能出现上访事件。而依照相关法律规定，只有特定纠纷才由行政机关裁决，行政机关不应是化解当事人之间矛盾纠纷的主要部门。但在现实生活中，基层政府机关却担负化解矛盾纠纷、维护社会稳定的重要职责。基层社会矛盾解决过度依赖行政机关的危害是：首先，行政机关化解矛盾纠纷没有类似司法、仲裁的严格程序，易滋生腐败；其次，行政机关不堪重负，易偏离法治轨道，无法解决根本问题。

当前，基层社会矛盾的化解主要依赖行政机关，维稳部门扩张导致责任不清、职权重叠。实践中，在刚性稳定目标下，受传统管理型政府的影响，基层政府发现矛盾纠纷特别是群体性事件时，可能会采取高压方式进行处理。而事实上，这种处理方式不仅无法从根本上解决矛盾纠纷，而且有可能激发矛盾，引发更大规模的群体性事件。更有甚者，原本政府系作为第三方介入，但由于刚性维稳的需要或者其他原因，政府由第三方演变为纠纷所指向的对象或者被替代为当事人。

（三）纠纷化解机构发展思路和模式混乱

1. 纠纷解决方式供给不平衡、不充分

随着经济发展和人口流动，城市由"熟人社会"转变为"陌生人社会"，乡村也由"熟人社会"逐步过渡为"半熟人社会"。当出现不易和解的纠纷时，人们不再单纯依赖家族成员、邻居朋友等熟人居中调和,而是向相关部门寻求帮助。在纠纷化解方式的选择上,民众仍优先考虑调解方式,这并不能简单归结为"厌诉"的文化传统和法律意识不强,而是诉讼的时间和经济成本都明显较高,所以民众倾向于不采取诉讼这种纠纷解决方式。在纠纷化解方面,从理性角度而言,民众也逐步愿意依据法律规定明晰责任,在此基础上进行调解,而不是依靠领导、年长者等的威望促使双方妥协。这说明人们法律意识增强的同时,对纠纷化解方式的选择趋于理性。然而现有纠纷解决方式在衔接性和互补性上仍有不足,难以兼顾权威性、专业性和经济性,制约了民众的选择空间。

2. 陷入"扩增形式"误区

现阶段社会稳定日益成为政府日常事务的核心问题,在维稳工作上过度投入、盲目投入,这种状态有以下几种表现:一是盲目扩编"维稳办""应急办"等正常编制外的机构,这些机构的工作范畴不明,一些政府主要机构的工作人员、公检法机关的工作人员甚至领导人员被迫停下日常工作,投入到"维稳"的大工作之中,全力维稳以确保社区表面的安定。这种盲目的扩编给基层政府各机关带来巨大的工作压力,甚至影响到基层政府的日常运转。二是设立各种"维稳基金",给维稳工作划拨大量经费,建立公检法部门以外的行政强制部门,专门处理各宗社会不安定事件。这种做法不仅造成公帑的浪费,而且在合法性上也备受质疑。例如广东廉江,为了维护社会稳定,在 2010 年将高达 3100 万元的公帑用于各项维稳支出,建立了"飞虎队"配合治安巡逻,处理各种突发事件。"飞虎队"的录取要求更是堪比特警,配置方面也不遑多让，这种情况导致维稳成本日益增高，维稳质量却不见提高。三是政府采用高警惕的姿态面对维权诉权群众，认为上访、群体性事件都是恶劣的，将个体与政府置于一种割裂的对立状态，以致激化矛盾，这样削弱了政府职能，破坏了政府与群众沟通的桥梁，既不利于政府正常运转，也不利于地区的政治、经济、文化发展。

3. 维稳制度根源性错乱

维稳最根本的目的是维护一方稳定，为地方政治、经济、文化发展提供稳定的成长土壤。但是由于有的领导错误解读"维稳"的含义，认为维稳就是稳定至上，甚至以维稳为借口纵容部分人作恶，以"和稀泥"的方式处理某些涉及违法行为的冲突，甚至应该追究问责的事也不了了之。这种"维稳"行为不仅不利于社会和谐发展，更会埋下社会隐患。

（四）考核机制中信访制度量化指标出现导向偏差

导向性是信访制度考核机制本身的重要特点。导向正确，有利于基层社会矛盾的实效解决；导向错误，势必影响基层社会矛盾解决工作的开展，甚至引发更为严重的社会事件。信访制度催生系列社会问题的症结实质是把赴省、进京上访和非访的数量作为党政领导班子和信访干部政绩考核的重要内容，同时将考核成绩与社会治安综合治理一票否决机制挂钩。笔者认为，将上访和非访的数量作为党政领导班子、信访干部的考核指标是不合理的，也不符合依法治国的内在要求。信访干部应当只为群众信访事项的办理情况负责，而不应当为信访问题本身负责，更不应该因信访的数量指标问题而承担责任。

二、"诉访"难分离的症结探讨

维稳工作中另一个问题是社会矛盾纠纷处理方式出现了异化。针对一些具体纠纷引发的越级上访和非访事件，往往不是采取法律手段来解决。这种异化的处理模式破坏了法治建设。

（一）不诉诸诉讼而选择信访

基层群众维权诉求意识强但法律意识淡薄。法律途径耗费的时间较长、诉讼的收益和成本往往不成正比。部分群众认为人数多政府才重视，找到领导才能解决具体问题。部分人认为只要"闹"就可以得到自己想要的东西。如此一来，人们便会更加漠视法律这一正确途径。长此以往，政府的权威性将受到质疑，导致社会矛盾的加剧。控访与劝访难，对信访工作人员的专业能力要求较高。

（二）不信任法律

部分群众认为法律远离生活且不信任法律，这种错误的认知让政府工作难以推进。部分群众认为，与其通过自己不了解的法律手段维权，不如通过拉横幅等直观可见的手段争取自己的利益。但这种做法不仅不利于法治社会的建设，更会扰乱公共秩序，容易煽动民情，甚至形成一定的道德绑架、利益绑架，使得真相、真理不被社会重视，本末倒置，严重危害社会的安定。

三、现有维稳思维的误区

近年来，随着"维稳基金"在各级政府的设立，出现了

"花钱买平安"的权宜性治理方式。在实际操作中，"维稳基金"的支出往往只凭地方官员的主观判断，导致某些地方政府行为缺乏原则性和规范性，忽视、扭曲甚至排斥法律的作用。"花钱买平安"的权宜性治理方式也给民众造成误导性的错觉，一些群体或个人采用法律外的方式甚至是暴力来表达和发泄不满，从而导致社会矛盾越加激烈。因此稳定思维的误区之一是将民众的利益表达与社会稳定对立起来，将公民正当的利益诉求与表达视为不稳定因素，通过压制弱势群体的利益表达来实现短期内的社会稳定。这种维稳思维不仅严重增加成本，而且会破坏全社会的是非观、公正观等价值理念，在道德正义上弱化了政府形象，非但不能促进社会公平，反而加速社会基础秩序和社会价值体系的失范。长远来看，更为严重的后果是，为完善市场经济和构建和谐社会所必须进行的一些重要改革，往往会因担心造成社会不稳定而被束之高阁。

第五节　东莞基层社会风险和社会矛盾分析

东莞的社会风险和社会矛盾一方面表现为工业化、城市化进程引发的历史遗留问题，如征地补偿、集体资产分配、社保费欠缴；另一方面也有东莞经济和社会转型时期新出现的小区物业管理纠纷、环保纠纷、新型劳资纠纷、因土地增值收益引发的纠纷等。与全国基层社会风险和矛盾相比，东莞的社会风险和社会矛盾既有普遍性也有其特殊性。

一、历史遗留问题久拖不决成为社会矛盾爆发的风险点

（一）以土地款为代表的集体资产分配成为矛盾焦点

东莞有关集体资产的管理和分配中，纠纷最多、矛盾最激烈集中，甚至出现大规模群体性事件的，多和土地款的分配有关。表面上看，这些纠纷和矛盾似与东莞集体经济发展遭遇的困难、面临的转型以及网络时代外界信息的影响有关，但深层次原因是我国相关法律的不完善、东莞集体经济发展模式的选择和我国的土地收益分配机制。近几年，由于外部环境影响和东莞的经济转型，东莞农村"吃租经济"遭遇转型瓶颈；同时由于集体经济自身发展模式的制约，东莞集体经济收入增速持续放缓。东莞农村常住居民较高的收入依赖的是集体经济发展，主要是"吃租经济"带来的个人分红。当分红比例遇到上升的"天花板"，因城乡一体化社会保险制度带来的保险费率特别是个人承担比例的上升，加之媒体对某些地区每家分数百万土地款的报道的直接影响，东莞某些地方的村民把眼光集中到集体经济组织土地款账户和"招拍挂"产生的数量较大的土地增值收益之上，由此发生了村民要求分配土地款的诉求甚至是群体性事件。据东莞市两级法院反映，近几年，与民生密切相关的行政群体性案件、新类型案件、复杂敏感案件大幅增加，主要涉及土地征收、政府征收补偿和信息公开案件等。与其他涉农纠纷相比，该类纠纷往往涉及农民的根本利益，因而具有矛盾激烈、难以化解、原告人数众多、社会影响大、矛盾对抗性强等特点。案件的裁判结果具有示范效应。东莞市委、市政府应高度重视

本地征地补偿纠纷和群体性事件的特殊性。

(二) 越来越多的居民违建问题难以解决

拆旧建新，村民多多少少都会私自扩大面积、不按土地证的面积规矩建房；另外，每个村都有强占空地和零散土地供自己使用的行为，俗称"霸地王"。前述情况容易引发邻里或者其他无能力建房之村民的不满，而如何处理这些问题却缺乏相关的法律依据。

按照东莞市的相关规定，该市自建房屋每栋楼房固定不超过 24 米。但随着经济的发展，很多人买地皮建高楼大厦。经统计，超过 24 米的房屋越来越多，但没有相关部门来处理，基层干部都认为这些问题很难处理。

(三) 历史遗留的企业欠缴保险费问题不断累积新的风险

据横沥镇社保分局反映，社保方面主要存在以下三个方面的纠纷：一是员工投诉企业没有帮其缴纳社会保险；二是员工没有参保且遭受事故、伤害；三是由于企业没有及时帮员工参保，员工要求企业帮其补缴养老保险。第一个问题比较好解决，因为出台的《社会保险法》规定企业要为员工缴纳社会保险，如果出现该问题，社保局按照正常程序进行审查，要求企业依法为员工缴纳即可。第二个问题发生后，遭受工伤的员工要求社保局进行工伤认定，这又会产生两种后果：一是企业和员工对社保局的认定结果没有争议，则问题好解决；二是企业和员工对社保局的认定结果有争议，则企业可能会采取"拖"的方式，以"拖"来要挟员工接受公司的方案。第三个是历史遗留问题，因为我国的社会保险制度是在近十几年一步步完善的。在《社会保险法》出台之前，是允许企业选择性地为员工参保，但是《社会保险法》出台之后，要求企业为所有员工参保，要求企业补缴以前未缴纳的保险。因历史久远，原始文件也不太规范，审核需要耗费较长时间，就会导致出现员工群体性上访事件，如高埗群体性上访事件就是源于补缴社保问题。某些省有出现过员工不符合补缴条件，社保局却帮员工补缴，导致员工可以领取退休金的情形。省社保厅担心这种违规操作的情况出现，所以对补缴的审查是非常严格的。原始资料缺失、补缴人数众多，如果解决不好，容易引发群体性上访。

二、工业化、城市化带来的大量拆迁补偿纠纷

城市发展迅速，城区不断扩大，各种基建都需要大量征地，商业、公益用地也需要拆迁，例如东莞市新城区的规划、环省高速的建设、地铁的修建、学校用地导致的拆迁等。由于拆迁补偿方面立法缺失，政府对于居民拆迁补偿没有落实到位，加剧了社会矛盾，严重的甚至会发生暴力事件，这也会拖缓城市现代化发展，成为社会不安定因素。

拆迁补偿纠纷领域最集中的问题是村民对土地增值收益的诉求问题。政府征收农村集体土地是按照相关文件的征收标准执行，征收价格一般偏低，加上集体土地转为国有土地，通过"招拍挂"进行出让，土地通常会产生溢价，这就涉及国家、集体和个人利益的平衡问题，更直白来讲，个人应得的比例控制在多少较合理。比如一块集体土地转为国有土地之后，政府将地块通过"招拍挂"进行出让，土地的价值潜力就显现出来，那么这个增值部分该如何分配？2012年汕头

市潮南区的两块闲置国有建设用地面向社会公开拍卖出让，总面积 25.41 亩的土地以 1.84 亿元高价成交。虽然两块土地已被统征并发放征地款，但村民们仍分得超过两成的土地出让纯收益。据了解，土地办证需经村民会议表决通过方可实行，如果不能平衡三者关系，很难引导村民表决同意相关事项，从而延误项目发展。由于社区可用土地不断减少，村民对土地出让非常敏感，处理不好引发群体性事件的风险很大。例如，横沥镇某村有一块 200 亩的地块，土地上种有果树，当时已经按照规定把果树的钱补给所属的村民了，土地所有权转让给村委会，现在村委会想利用这块地建公园，却有二三十户村民妨碍工程实施。

三、"陌生人社会" 催发新型矛盾纠纷

东莞作为一座外来人口众多的城市，人与人之间存在着巨大的文化差异。行为习惯、思想观念的分歧使得人与人之间的摩擦加大，"陌生人社会"中最常见问题是不信任感加剧。曾经的熟悉信任变成如今的冷漠疏离，也会产生很多问题。

（一）出租屋相关的纠纷

外来人口众多促进了东莞房屋租赁行业的发展，但租客间及租客与房主间的纠纷也随之而来。例如出租屋漏水、租金、噪音、排污、安全等问题引发的纠纷如果没有得到合理解决便会生成矛盾冲突。

（二）业主与物管之间的纠纷

小区也是矛盾多发区：一是物管不依法履行职责、暴力

强收管理费，甚至存在物管勾结不法团体威胁业主的情况；二是根据东莞市 2016 年的政策，鼓励小区业主成立业委会，实行小区业委会自治。然而业委会自治也存在巨大问题，有的业委会超越权限范围，侵害他人利益，甚至业委会成员以权谋私，引发业主间的矛盾纠纷。

现行《广东省物业管理条例》于 2008 年修订，并于 2009 年实施，但对小区不断产生的管理问题未能及时诠释，当地房管也适时向市房管部门提意见，但未有相关法律依据，导致业主误认为政府职能部门"不作为"而上访。

（三）环保纠纷

环保纠纷是经济社会发展的产物，它随着经济的发展、环境问题的加剧和公民环保意识、法律意识不断增强而日益增多。经济发展规模逐渐扩大，工厂距离居民生活区也越来越近，而噪音、气味污染就会影响到小区生活环境。对社会危害程度最高、影响最深远、对社会稳定带来较大压力的是企业生产和城市垃圾（污水）处理过程中的废水排放、废气排放及噪音所引发的环保类纠纷。另外，随着新区经济和城市化的快速发展，光、热、噪声、饭店油烟污染、交通运输工具尾气和工地噪声等传统意义上的环保类纠纷以及各类社会生活所引发的新型环保类纠纷的数量也不断攀升。

四、多发的劳动纠纷

据横沥镇人力资源分局反映，东莞现时的劳动纠纷主要表现为权利争议和利益争议。权利争议主要是指企业在执行劳动法律法规、履行劳动合同的过程中出现的矛盾，不是指劳动者在其法定权益或约定权益得到保障后为了争取更多利益而引发的矛盾。劳资纠纷仍以权利争议为主，围绕追讨工资、工伤待遇、违法解雇、加班费、经济补偿金等问题产生的纠纷。但利益争议也逐渐成为新的趋势，即劳动者要求提高薪酬、改善劳动条件、提高福利待遇等引发的争议越来越多。

劳动纠纷的主要困难在于调解难度较大，原因如下：一方面是劳动者过度维权，对于小型争议也不愿意通过调解解决；另一方面，企业担心快速调解结案会导致员工的连锁维权反应。一旦有员工投诉企业，企业明知问题在自身，但怕引起连锁反应，所以采取"拖"的手段。因此员工最终即使满足了诉求，但过程过于艰难的话也会导致其他员工选择不维权。

比较特殊的是群体劳资纠纷，群体劳资纠纷多样化、复杂化，但国家没有制定相关的法律法规。

五、村委会换届选举引发的纠纷

村委会选举可能引发的纠纷值得关注。首先存在家族、派性左右选举的问题。在农村，客观地存在着不同姓氏、自然村落、关系亲疏的差异，这些差异久而久之便形成了不同的利益"共同体"。各个"共同体"出于对各自利益的保护，都选举本"共同体"的人作村干部，至少在村委会班子中要有自己的代言人。为了这一目标，各个"共同体"之间相互攻击、你争我夺，形成了家族、派性，即"选出来的人不管素质高低，只要是本家族、本派的人就行"。其结果是选举出来的人不能代表全村人的利益，不论哪一派的人当选，都可能引发集体上访。其次，由于在城镇拆迁改造、农村开发占地补偿、土地山场承发包等工作中，一些农民的利益没有得到及时的落实或者由于村级干部不廉洁、不公平，贪占集体资产，侵害村民利益的问题没有得到及时处理都可能导致群众有怨气，干群矛盾突出，群众拒绝参加选举等。

当前，东莞已经进入改革的关键时期，经济体制深刻变革，社会结构深刻变动，利益格局深刻调整，思想观念深刻变化。这种空前的社会变迁，使东莞跨入了一个急剧的社会转型时期——由传统社会向现代社会转型。这种转型期是社会结构和社会机制的大转变、大调整时期，它往往蕴涵着诸多可能引发矛盾和问题的新特点；另外，与现代市场经济相适应的体制、机制的确立和完善需要一个过程。于是，体制运行与政策执行中的诸多漏洞经常被人所利用，加剧了混乱，导致各种矛盾和问题更趋多样化和多发性。这是东莞基层法治建设和社会治理必须面对的问题。

第六节　基层社会矛盾预防与化解机制的再构

通过对基层维稳与矛盾预防化解机制的反思，我们发现，基层维稳与矛盾预防化解机制的重构必须在法治的思维和框架内进行。基层政府是最容易发生矛盾冲突的行政层级，基层治理必须依靠法治，唯在法治化轨道之上方能实现良法善治。东莞基层社会纠纷的频发与社会矛盾的累积急需有效的维稳与矛盾预防化解机制。以上分析表明，现有的基层矛盾与预防化解机制存在诸多不足，因此必须运用法治思维和法治方式化解矛盾、维护稳定。

一、以法治思维指导基层矛盾预防化解机制

（一）基层矛盾预防化解机制的建构必须贯彻法治原则

新时期，让法治思维融入社会的血脉，提高执法者的制度执行力，进而破解社会管理难题，维护社会稳定，让法律铭刻在公民的心中，应作为基层社会矛盾预防化解机制中长期部署的任务和应当遵循的一个原则。党的十八大也适时提出运用法治思维和法治方式化解矛盾、维护稳定的要求。如何让基层社会矛盾解决的过程变成公众真正理解法律、服从法律的过程是我们要探索的问题。因此提高公职人员的法律思维，引导群众按法定途径解决纠纷就是法治原则的题中之意。只有回到法治的轨道才能重树政府和法律的权威。

（二）强化政府作为社会管理者而不是矛盾纠纷调解者的角色

强化政府作为社会管理者而不是矛盾纠纷调解者的角色就是要明晰政府职能，建立有限政府。行政机关的职能是管理社会，而不是解决社会纠纷。纠纷的解决主体主要是司法机关而不是行政机关，因此在基层矛盾预防化解机制建构中要避免政府在社会矛盾中处于首当其冲的位置。

二、现有制度框架内完善基层维稳与化解机制建议

（一）调解制度中专业化创新机制的引入

1. 完善专职调解员选任机制

（1）采取公开选聘的方法，将有较强调解能力、丰富法律知识和广泛群众基础的年轻优秀人才吸收到专职调解队伍中，逐步实现人民调解员队伍的专业化、年轻化、知识化，以适应日益繁重的调解工作需要。

（2）建立专职调解队伍和调解人才"专家库"。当前就是要理顺调解员不专职从事调解工作的情况，通过选任专职调解员，让兼职调解员逐步退出调解舞台，让专职调解员发挥"术业有专攻"的作用。

（3）建立政府"购买调解服务"的方式。邀请在相关领域比较权威、中立的专家或学者参与个案的调处，有利于当事人接受调处，实现"案结事了"。

（4）逐步实现调解人员专业化及调解程序规范化。通过专业的调解队伍、组织化的网络、规范的管理、有效的运作，探索人民调解的新路径，真正实现调解人员专业化、调解程序规范化、档案管理标准化的目标。

2. 加强行业性、专业性人民调解委员会建设

近年来，随着我国经济体制深刻变革、社会结构深刻变动、利益格局深刻调整、思想观念深刻变化，各种矛盾纠纷不断增加，呈现出复杂性、多样性、专业性和面广量大的特点，特别是行业性、专业性矛盾纠纷数量大量攀升，已经成为影响社会和谐稳定的难点、热点问题。大力加强行业性、

专业性人民调解委员会建设，及时有效地化解特定行业和专业领域出现的难点、热点矛盾纠纷，对于加强和创新社会管理，维护社会和谐稳定具有重要意义。涉及医患、环保、建筑、交通等纠纷，调解员不仅要掌握有关政策法规和调解技能，同时还要掌握相关学科专业技术知识，而现在缺乏这种专家式人才。现在的调解员对一些涉及专业性问题的疑难纠纷往往是心有余而力不足，制约了工作的有效开展。要鼓励社会团体或者其他组织设立行业性、专业性人民调解委员会；健全完善行业性、专业性人民调解委员会保障机制。每个行业性、专业性人民调解委员会专门从事人民调解工作的人民调解员原则上不应少于3名。要充分发挥退休法官、检察官、警官、律师、公证员等法律工作者以及相关领域专家、学者的专业优势，鼓励专业人士参与调解行业性、专业性矛盾纠纷，形成年龄与知识结构合理、优势互补、专兼职相结合的人民调解员队伍，实现人民调解员队伍的专业化。

（二）以案说法和释法说理机制的切实确立

基层社会矛盾的有效预防与化解，关键在于矛盾纠纷的处理能够得到社会公众的普遍认同，让法定的纠纷解决方式真正起到作用。

1. 以案释法制度的系统建立

以案释法是指对具有重大典型教育意义、社会关注度高、与群众关系密切的案件进行详细解说以诠释法律的过程。以案释法具有如下作用：一是引导执法者规范执法，建议司法行政部门定期整合归纳历年来的行政复议案件、行政诉讼案件，然后通过机关干部法制讲座或者部门会议案例研讨的形式，推动执法者在执法过程中真正做到实体适用得当，程序处理规范。二是把具有重大典型教育意义、社会关注度高、与群众关系密切的案件的处理结果与法律依据告知人民群众，引导人民群众依法维权。因此有关部门应建立和落实典型案例筛选发布制度、以案释法媒体传播制度、以案释法宣传讲解制度、以案释法整理编辑制度、以案释法律师宣讲制度等。

2. 基层治理中可以建立释法说理告知书制度

释法说理告知书中要明确告知被征收人、被拆迁户拆迁以及补偿的法律依据和标准，明确拆迁户可以获得的经济补偿，包括社会征地拆迁补偿的普遍标准以及政府或者开发商通过协议给予的补偿标准等。

（三）发挥舆论对按法定途径解决纠纷的引导作用

舆论的引导作用是不言而喻的，但是目前却存在舆论导向上的缺失。由于一些上访和群体性事件极容易引发大众的关注，如果媒体没有正面的报道和引导就可能出现断章取义、片面失实的消息传播和报道，容易造成负面影响。因此笔者建议：

1. 舆论对上访事件和群体性事件进行正面引导

比如，关于群体性事件或者当事人上路拦访事件，该曝光的就要曝光，该宣传的就要宣传，对于影响社会秩序的依法处理。

2. 加强通过法律途径依法维权的宣传

（1）引导群众主动运用法律方式和法律途径解决纠纷。一方面，科学界定"正常上访""非法上访"和"无理上访"。由于群众上访的案由或事件种类繁多，为了保证上访

案件的合法处理，建议引入法律顾问，充分听取法律顾问的
建议，引导群众采取法律手段保护自身的合法权益。在确认
上访者系无理上访、缠访、闹访之后，应坚决拒绝其无理要
求，必要时对其采取相应处置手段。另一方面，注重加强信
访接待场所的宣传引导。对信访接待场所的建设包括对信访
法治宣传引导工作作出统一规范，明确要求设立固定宣传栏，
张贴国务院《信访条例》、《广东省信访条例》及相关法律法
规政策，公开信访渠道、投诉指南、信访事项办理程序等，
积极引导信访群众通过法律途径解决问题。

（2）加强对通过法律途径解决问题的宣传。一是采取多
种形式搞好普法宣传，如利用电台、电视台的法律栏目向群
众宣传法律法规，特别要注重讲解维权的方式方法，解答群
众遇到的诸多法律难题。二是注重加强与新闻媒体的沟通协
调，有计划地部署、开展信访政策法规宣传活动，重点宣传
通过法定途径解决信访投诉请求等内容。例如，通过与新闻
办联合举办新闻发布会，与电视台联合举办《信访条例》电
视知识竞赛，在主流报刊以及网站集中版面详细解读案例等
方式切实营造通过法律途径解决信访问题的舆论环境。三是
把一些法律宣传、普法知识放到基层，在村委会放置、悬挂
法律宣传的看板，定期更新。四是注重对一些典型维权案例
进行全方位的宣传，尤其是那些一开始群众想通过上访解决
问题，后来通过法律途径实现维权目的的案例，让群众明白
通过法律途径解决纠纷或者维权才是正确道路。同时，在每
个村建立驻村律师制度，常年为老百姓提供法律咨询和服务。
群众遇到问题，可以随时咨询律师，由律师对怎么维权、怎

么取证、怎么起诉进行指导。

（四）重塑法治信仰

1. 公职人员法治思维的侧重培养

针对决策者和执法者的不同角色，侧重培养公职人员的法治思维。除了传授更多必要的法律知识外，更重要的是要加强决策者法治思维的培养以及法治方式的运用。对公职人员法治思维的培养必须成为依法执政、依法行政的重要考核指标，必须建立系统的公职人员学法机制，强化干部任命和考核中的法治背景考量，切实提高领导干部的依法办事能力和规范执法水平。

2. 对群众落实普法工作长效机制

维稳工作不仅在于政府，更在于群众的积极支持。东莞作为一个人口众多的城市，由于制造业发达，劳动力群体存在文化水平不高、法律意识淡薄的情况。而东莞本地人大多经济条件良好，但公民意识还比较欠缺，即使基层政府提供了诸如法律援助、政府热线、意见信箱等群众维权诉求途径，但群众仍然不甚了解，因此政府应该加强普法工作。例如在省小区业委会自治试点中获得模范小区的横沥怡翠豪园，就在小区中建立普法宣讲栏，并且定期举办普法讲座。通过潜移默化的方式，落实对群众的普法工作，增强群众的法律意识，让群众遇到纠纷时倾向于选择法律途径。

（五）具体制度的落实和完善

1. 社会稳定风险评估机制的完善

社会稳定风险评估是对拟出台的重大社会决策和拟上马的重大工程项目潜在的、可能引发的影响社会稳定的诸多风

险因素进行定性、定量的分析、预测和评估，并有针对性地
提出相应的工作建议，制订应对计划，采取切实可行的措施，
以防范、降低和消除风险，从而推动利益协调机制、诉求表
达机制、矛盾调处机制、权益保障机制等各项工作机制的健
全和完善。开展社会稳定风险评估机制不只是保稳定，根本
目标还是促发展。没有稳定的环境，改革、发展就无从谈起。
已有的成功经验证明，提前预防远比事后处置的代价小、风
险低。

社会稳定风险评估机制逐步取得良好效果，但也存在一
些问题，即在评估对象与范围的确定、评估主体与评估事项
的关系、评估内容与指标设定、评估方法及公众参与等方面
还不完善。为了进一步提高基层党委和政府依法决策、科学
决策、民主决策的水平，正确处理人民内部矛盾，从源头上
预防和减少不稳定因素，要不断完善社会稳定风险评估制度
及运行机制，使其走向规范化、科学化、中立化。

2. 保险法律制度的深入推进

基层社会矛盾预防机制所涉及的保险险种，一般是政策
性保险和强制保险。"政策性保险"是指由国家财政直接投
资成立的公司或国家委托独家代办的商业保险机构，为了体
现一定的政策性，以国家财政为后盾，设立一些不以营利为
目的的保险，典型的为农业保险。"强制保险"是指根据国
家颁布的有关法律法规，凡是在规定范围内的单位或个人，
不管愿意与否都必须参加的保险。实践中，社会保险有利于
减轻基层政府的负担，有利于化解矛盾和维护社会的稳定。
根据实际情况的需要，政策性保险和强制保险应在基层治理

中稳步推进。比较迫切需要全面推进的应当为建筑业工伤保险。安全监督管理局的数据显示，近年来地方工地安全生产中工伤致残和死亡事故的发生率是较高的。广东省人民法院的司法实践中一般对建筑工地上工人的劳动关系不予认定，因而以工程项目为整体购买工伤保险显得尤为重要。唯有如此，建筑工人发生工伤事故时才能得到有效的救济，避免工伤事故中建筑工人及其家属因得不到有效的救济而采取不理性的维权行为，以致影响社会的稳定。

3. 建立维稳工作流程与指导

维稳工作的战略应从临时性维稳转变为长远性维稳；基层维稳的目标应从静态稳定转变为动态稳定，将维稳工作理性化。维稳工作的定位应从本质上做出改变。维稳部门不再是一个处理问题的部门，而是引导群众如何处理问题的信息部门，使维稳办、综治办转变为民政联系窗口，拓宽群众诉求渠道。同时，维稳办和综治办也能作为一个信息部门，如北京市朝阳区的"一网、两库、三关"的管理体系，以情报网支援基本情况库和应急决策支持库，基本情况库和应急决策库支援情报研判预警关、科学决策关和督查考核关，情报研判预警关、科学决策关和督查考核关的决策与经验反哺情报信息网、基本情况库和应急决策支持库。这种信息上的支援可以给司法机关、公安机关的工作提供有力的帮助，灵活的反应机制使各专职部门高效运转，通过动态的平衡维护地方稳定。这个管理体系也能给社会学、法学工作者提供大量的研究资源，从学术上为维稳工作助力。

对于基层执法工作人员，要健全编制，分工明确，为基

层维稳工作人员制定明确的工作指引。行政人员不能越俎代
庖，包揽执法人员的工作。就东莞而言，维稳工作人员、刑
侦人员和执行人员的编制都非常明晰，各司其职，依照法律
途径解决问题。

（六）加强社会防控体系的综合建设

1. 建立社会公共安全的预防和应急机制

为防止社会矛盾的产生和激化，应对易引发社会公共安
全问题的食品、治安、犯罪等问题做出应急处理机制和预案，
防止矛盾升级，将之扼杀在萌芽状态。

2. 建立多元化的社会救助制度

当事人的弱势群体地位有时也是基层社会矛盾的发生原
因，因此完备的救助制度有助于减少社会矛盾甚至犯罪的发
生。除了进一步完善社会救助制度之外，建议进一步发挥社
会组织的救助辅助作用，形成强大的社会救助网络，使得需
要帮助的人得到及时救助，减少社会不稳定因素。

（七）正确认识、合理引导、依法处理群体性事件

1. 正确认识群体性事件

群体性突发事件作为一种诸多社会矛盾的综合反映，是
世界各国普遍存在的社会现象。一般来讲，群体性突发事件
并非"突发"，而是社会风险积累到一定程度的爆发；群体
性突发事件多源于利益冲突，如劳动就业、征地补偿、城市
拆迁、集体资产分配等，而这些关系到群众切身利益的问题
往往是群体性突发事件的直接原因。从性质上看，几乎所有
的群体性突发事件都只是为了解决某些实际而具体的问题，
如征地补偿引发的一系列事关民生的问题；从参与人群看，

群体性突发事件的参与者主要包括房屋被拆迁居民、失地农民、农民工、环境污染受害者等权益受损群体；从对象关系上看，群体性突发事件多发生在政府与群众之间。在冲突事件中，群众之所以把矛头指向政府机关及其工作人员，首先主要源于政府的体制性因素。以往的"全能政府"理念使政府管了不该管也管不好的事情，承担了过多的责任，一些未能妥善解决的问题就此升级。其次是政府公共管理者的角色决定了其职能与民生息息相关，如容易引发群体性事件的农村土地征用、城市改造过程中的房屋拆迁等，都是由政府主导的，如处理不好，政府自然就成为群众指责和发泄的对象。例如，在东莞农村集体组织收到土地补偿款后，其成员与集体经济组织之间就土地补偿款分配问题发生纠纷的情况普遍存在，甚至演化为群体性事件。与其他涉农纠纷相比，该类纠纷往往具有矛盾激烈、难以化解的特点，下面试举几例：

一是大朗镇土地款分配纠纷引起的群体性事件。2015年11月26日和27日，大朗镇位于长塘社区的长盛二期三块地先后推出市场"招拍挂"，分别被碧桂园、万科、天麟三家地产商共以29.3亿元的价格拍下，对比底价增长85.5%。同年11月26日，一些媒体以《广东佛山"土豪村"卖地 每家分数百万》为标题做出报道，长塘社区群众得知消息后，从同年12月26日起，陆续有长塘籍村民通过微信朋友圈传播扩散要求"卖地分红"。之后长塘社区村民多次前往居委会、镇政府聚集表达诉求，引发群体性事件。此后出现"羊群"效应，即与该地有关联的求富路社区村民集体要求"分钱"，大井头村民因多块土地款问题集体到镇政府上访拦路；再接着蔡边、松木山等村同样出现类似情况。第二个例子是在开发建设过程中，南城三元里社区因土地款未按《东莞市农村（社区）集体资产管理实施办法》的规定程序进行处理而引发村民不满，最后纪检部门介入，聘请第三方对社区 10 年账务进行审计得出结论，并对主要社区领导进行处分后才平息。第三个例子是南城袁屋边社区通过"招拍挂"直接收到土地基金约 8 亿元，引发村民要求发放土地款每人 5 万元。经过经信、农资办及街道主要领导协调，最后按一定比例进行了分配。

东莞近年发生的与土地款有关的纠纷呈现以下特点：一是涉及村民人数众多，矛盾尖锐集中。土地涉及农民的根本利益，矛盾化解难度较大。二是土地被卖后农民要求分到其应得部分，看似合理的诉求容易引发关注和同情，但政府如何处理土地款或者能否分给村民却没有明确的法律依据。三是行为目标的明确性，即矛头指向党委政府。行为主体具有聚众性、延展性、组织性、对抗性的特点。

2. 建立网络舆情快速反应机制，合理引导群体性事件

在网络信息发达的今天，媒体对群体性事件的公开与正面引导相当重要。因此政府应根据群体性事件的情况，加强网络舆情的正面引导，控制和引导舆论走向，为群体性事件的处置营造有利的网络舆情环境。对于现阶段的网络舆情控制与引导机制，主要是做好如下几方面工作：一是在源头上做好预警工作，在舆情开始发酵时就进行积极引导。二是针对社交网络建立网络舆情快速反应机制，如建立网络新闻发言人制度，旨在通过网络即时、主动、准确地发布权威信息，

尽快澄清虚假、不完整信息，消除误解、化解矛盾。三是引导社交网络舆情，并为事件处理提供判断依据。通过建立健全社交网络中的信息发布和网络回应机制，发挥网络媒体优势，形成网络干预和网络问政新机制，不断提高网络舆情的引导能力，让群众知晓真相，从而采取更为理性的行为，逐步消解群体性事件。

3. 依法处理群体性事件

首先，要建立健全大规模群体性事件应急处置机制，推进应急处置工作的法制化、科学化、制度化建设，提高处置能力，最大程度地预防和减少大规模群体性事件的发生，降低危害和影响，切实维护社会稳定，保障人民生命财产安全。其次，要依法处理群体性事件中的违法犯罪行为。对在国家机关办公场所内部、周围非法聚集，围堵国家机关大门，冲击国家机关办公场所等八种信访活动及群体性事件中的违法犯罪行为要依法予以及时处理。最后，东莞有关部门应采取措施解决本地律师不愿担任行政相对人代理律师的问题。东莞本地律师普遍认为行政诉讼案件的收益不大，且诉讼较繁琐，当事人也比较难以沟通。同时，行政诉讼案件中客观上存在得罪相关政府部门的可能性，东莞本地律师不愿参与到行政诉讼案件中，所以导致广州市的行政诉讼案件大多由在外省注册的律师代理。因此，广州市需要采取措施改变现状。

三、基层社会矛盾预防化解机制的体制与机制改革

党的十八大报告提出要提高领导干部运用法治思维和法治方式化解矛盾、维护稳定的能力。信访工作作为联系群众

的纽带，是建言献策、了解民意、接受监督的渠道之一，是法治渠道的救济和补充，更是收集各方面不稳定因素向上、向下反映的重要途径，对化解纠纷矛盾、维护社会稳定曾发挥过积极的作用。但是近年来，一些地方的信访工作突破法治框架畸形发展，损害了法律权威，影响了社会稳定。对此，笔者认为，应准确定位信访职能，规范信访秩序，将法治思维和法治方式注入信访工作中，从而化解矛盾纠纷，维护社会稳定。

（一）真正改变信访量化性考核指标，实现信访制度的理性地位

1. 把信访事项导入法治框架、法律渠道

破解信访难题的根本出路是加强法治建设，推进社会生活的法制化、规范化，逐步把信访事项导入法治框架、法律渠道，依法解决问题。具体来讲，一是要依法解决问题，对法律和政策有明确规定的，一定要做到"用心、用情、用力"解决。二是要依法教育疏导，综合运用法制宣传、教育引导、心理疏导、化访为诉、进入程序、依法处置等措施，把涉访人群引入法治框架内解决问题。三是要依法惩戒处理，对无视法律权威的违法上访行为，要用法律方式依法处理；对把上访当成诬告、陷害、诽谤渠道的，要强化法律告知，依法追究责任，坚决维护社会主义法制权威。四是要依法终结信访，坚决维护三级终结的权威。对涉法涉诉信访案件，一律按法律规定，通过审判监督和检察监督、行政复议、国家赔偿程序处理，并结合各部门的纪检监察监督、法制工作监督纠正错误，规范执法行为，维护法律尊严。

2. 舆论要淡化信访宣传误导

首先，高度重视舆论宣传对信访群众的导向作用，客观报道、宣传信访政策法规，提高群众对信访的正确认识，引导信访群众依法信访。

其次，淡化对信访特别是越级信访能促进问题解决的宣传，不过分夸大和渲染信访的作用，大力营造依法解决问题的舆论氛围，从思想上消除涉访当事人对信访渠道过高的价值预期，引导其自觉选择司法途径，在法治程序里化解矛盾、促进和谐。

再次，通过对违法信访行为等典型案例的宣传，以案析理、以案说法，努力营造依法、理性、有序信访的良好社会氛围。

最后，坚持把宣传政策法律和教育引导贯穿于依法治访的全过程，注重思想教育和心理疏导，强化法律告知、释疑解惑，教育警示群众防范违法犯罪，实现执法效果和社会效果的统一。

3. 真正改变信访量化性考核指标，处理信访的不应该为信访问题本身负责

在维稳方面，"一票否决制"的考核指标使地方政府和官员把"维稳"当成重要的工作目标。在维稳的手段上，"一票否决制"的考核指标易使地方政府和官员急功近利，以堵代疏。这样的手段只能是压制矛盾、积累矛盾，而无法解决矛盾，矛盾和问题积累到一定程度就会爆发。信访机制作为具有中国特色的一种权利救济方式，弱势群体对其寄予厚望。信访制度作为表达机制和权利救济的途径既然已经开

通，就应当不断完善并发挥其作用。信访制度需要从两方面进行完善：一是合理设置考核信访指标；二是建议信访制度取消越级上访、非访的数量指标，应当着重于信访问题的解决情况，以及矛盾纠纷的排查处置情况。

（二）调解要向专业化、职业化、中立化方向发展

中华民族有着"和为贵"的传统思想，当老百姓遇到纠纷时，很多人还是愿意通过人民调解来解决问题的。随着社会经济的发展，人民调解工作范围从一般的家事、邻里、房屋宅基地扩展到村务管理、土地承包及流转、征地拆迁补偿、劳动争议、交通肇事、医患纠纷等诸多方面。针对新型社会纠纷，只有引入"第三方"专业化调处模式，才能真正提升当事人信任度，因此建立道路交通事故、医疗、劳资、物业等专业调解队伍势在必行。同时应设立专家资源库，聘请医学专家、劳资专家、物业专家、法律专家担任调解员。由矛盾双方当事人从专家资源库中自主选择调处力量，增强专业化调解的可信度和公信力；调解过程中，调解员、行业专家、法官、律师或法律工作者多方力量共同参加，联动调处，确保调解的合理、合法、公正；在调解员的主持下，行业专家侧重从专业的角度审视矛盾双方的争议焦点，保证调解的专业性和中立性。

（三）建立以司法为中心和最后保障的纠纷解决机制

在当前大调解格局中，行政调解或者行政机关主导的调解以及行政裁决占很大比例，但行政机关处理民事纠纷在程序上并不完善，因此暴露出一些弊端：一是容易产生不公正现象。由于行政程序大多比较简单，制度不够完善，公开性

不够，加上监督不力，对案件的处理容易产生不公正。二是容易导致行政职权滥用。法律空白给行政机关留下了范围较大的自由裁量权，少数行政官员依个人好恶而不是客观事实处理问题。三是增加了行政机关和当事人的负担。将大量的民事纠纷交由行政机关处理，加大了成本。四是行政机关易采取高压方式从而引发群体性事件。受传统管理型政府理念的影响，基层政府发现矛盾纠纷特别是群体性事件时，可能会以社会稳定的名义采取高压的方式进行处理。事实上，这种处理方式不仅无法从根本上解决矛盾纠纷，反而有可能激发矛盾，引发更大的群体性事件。更有甚者，原本政府系作为第三方介入进行协调解决矛盾纠纷的，但由于刚性维稳的需要或者某些其他方面的原因，政府由第三方角色演变为纠纷矛头指向的对象或者被替代为当事人。

基于上述弊端，必须逐步弱化行政机关的纠纷解决功能，引导群众通过司法途径解决纠纷。以司法为中心和最后保障，健全和创新多元化的纠纷解决机制，是解决社会矛盾的重要基础。诉讼是法治化的具体体现，通过具体的诉讼活动提高民众的法律意识，法治观念才能逐步深入人心。东莞处于社会转型期，各种矛盾不断涌现，司法作为正义的最后一道防线，具有不可替代的功能。司法为非诉讼纠纷解决机制的存在提供秩序基础，尤其是有些犯罪行为并不适宜私人之间化解，只有以国家强制力为保障的司法才能解决。理顺行政权与司法权的关系，寻找二者间的平衡点，成为化解基层社会矛盾、维护稳定的重要因素。

附："东莞基层维稳与矛盾预防化解机制研究" 问卷总结[1]

第一部分 有关基层维稳与矛盾预防 化解机制的共性问题

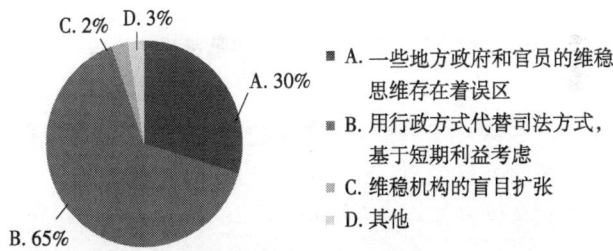

图1 您认为目前普遍出现基层维稳问题的原因是什么？

关于普遍出现基层维稳问题的原因，被调查者认为"用行政方式代替司法方式，基于短期利益考虑"的占65%，认为"一些地方政府和官员的维稳思维存在着误区"的占30%，2%的调查对象认为是由于"维稳机构的盲目扩张"，3%的调查对象认为是由于其他原因导致，如新东莞人对劳动合同的认识不清晰导致纠纷。

---

〔1〕 本问卷调查时间为2019年，发放对象为横沥镇负责维稳工作的领导和人员。

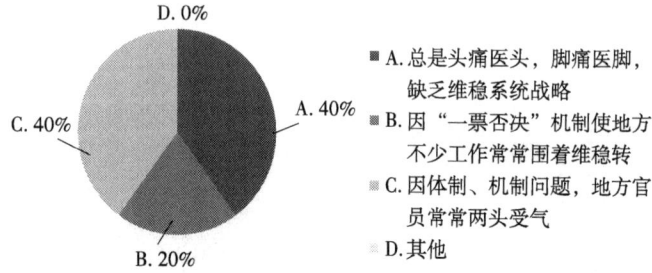

图2　您认为地方官员维稳最大的烦恼是什么？

　　被调查者认为地方官员维稳最大的烦恼是"总是头痛医头，脚痛医脚，缺乏维稳系统战略"和"因体制、机制问题，地方官员常常两头受气"的各占40%；认为最大的烦恼是"因'一票否决'机制使地方不少工作常常围着维稳转"的占20%。

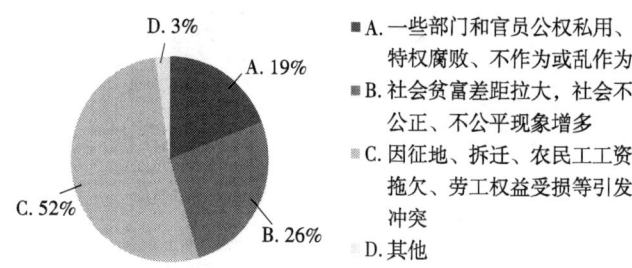

图3　哪些不稳定因素最可能诱发群体性事件？

　　被调查者认为最可能诱发群体性事件的不稳定因素是"因征地、拆迁、农民工工资拖欠、劳工权益受损等引发冲突"的占52%，认为是"社会贫富差距拉大，社会不公正、不公平现象增多"的占26%，认为是"一些部门和官员公权私用、特权腐败、不作为或乱作为"的占19%，认为存在"其他"不稳定因素的占3%。

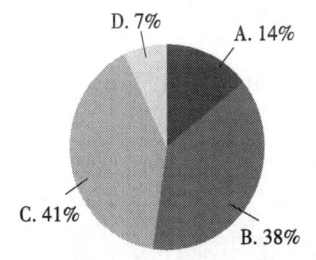

图4　当前地方维稳哪类异化现象最为突出？

　　被调查者认为当前地方维稳最突出的异化现象为"治理方法异化，采取压制或推托敷衍的处理方法"的占41%；认为是"维稳重心异化，重视事后处理，不重源头"的占38%；认为是"维稳目的异化，只管自己前途，不管群众疾苦"的占14%；认为存在"其他"异化现象的占7%，如：①解决问题的方式异化，有问题不走正常途径，而依靠上访、缠访解决；②纠纷当事人不接受调解，或满足不了纠纷当事人的过分要求。

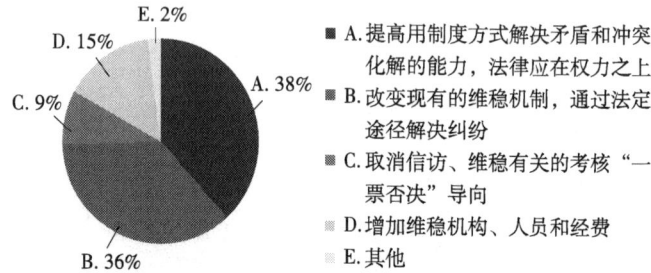

图5　如何解决地方政府的维稳难题？

被调查者认为可以通过"提高用制度方式解决矛盾和冲突化解的能力，法律应在权力之上"解决地方政府维稳难题的占38%，认为可以通过"改变现有的维稳机制，通过法定途径解决纠纷"解决地方政府维稳难题的占36%，认为可以通过"增加维稳机构、人员和经费"解决地方政府维稳难题的占15%，认为可以通过"取消信访、维稳有关的考核'一票否决'导向"解决地方政府维稳难题的占9%，认为可以通过"其他"方法解决地方政府维稳难题的占2%。

第二部分　横沥镇基层维稳与矛盾化解机制个性问题

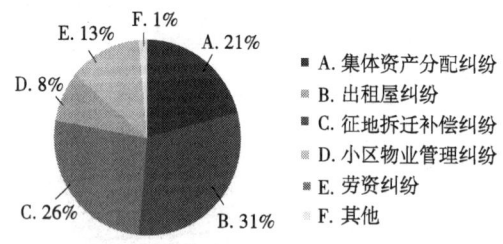

图6　横沥镇基层社会矛盾的主要表现和主要风险

被调查者认为横沥镇基层社会矛盾的主要表现依次为"出租屋纠纷"(31%)、"征地拆迁补偿纠纷"(26%)、"集体资产分配纠纷"(21%)、"劳资纠纷"(13%)、"小区物业管理纠纷"(8%),"其他"占1%。

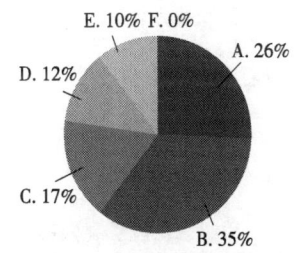

图7　目前横沥镇基层维稳与矛盾化解机制

就横沥镇基层维稳与矛盾化解机制的主要内容而言,被调查者认为"开展了社会矛盾纠纷滚动排查"的占35%,认为"有重点领域的依法专项治理方案"的占26%,认为"开展了政策性批量化解留用地历史台账、社保金欠缴等工作任务"的占17%,认为"有矛盾纠纷台账,并及时更新"的占12%,认为"开展了重大纠纷领导包案"的占10%,认为是"其他"的占0%。

就横沥镇已经建立的多元化矛盾纠纷化解机制的内容而言,被调查者认为"建立了综治维稳中心"的占23%,认为"建立了行业化、专业化调解组织"的占20%,认为"建立了企业调解组织"的占15%,认为"建立了人民调解组织"的占14%,认为"建立了平安建设促进会"的占12%,认为

"建立了诉调对接平台"的占9%，认为"建立了行政调解制度"的占7%，认为是"其他"的占0%。

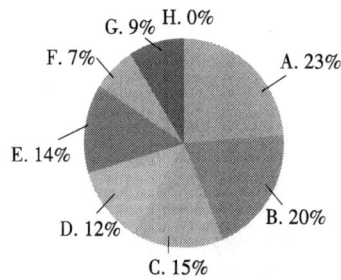

- A.建立了综治维稳中心
- B.建立了行业化、专业化调解组织
- C.建立了企业调解组织
- D.建立了平安建设促进会
- E.建立了人民调解组织
- F.建立了行政调解制度
- G.建立了诉调对接平台
- H.其他

图8　目前横沥镇已经建立的多元化矛盾纠纷化解机制内容

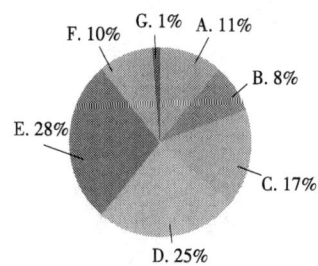

- A.维稳机构责任不清，互相推诿
- B.维稳考核的功利性导向
- C.纠纷当事人的权利意识强，汰定途径维权意识弱
- D.由于历史遗留问题和社团纠纷引发群体事件
- E.纠纷当事人信访不信法，不按法定途径解决纠纷
- F.基层维稳人员缺乏法律思维
- G.其他

图9　目前横沥镇基层维稳工作中最大的困难

被调查者认为目前横沥镇基层维稳工作中最大的困难是"纠纷当事人信访不信法，不按法定途径解决纠纷"的占28%，认为最大的困难是"由于历史遗留问题和社团纠纷引发群体性事件"的占25%，认为最大的困难是"纠纷当事人

的权利意识强，法定途径维权意识弱"的占 17%，认为最大的困难是"维稳机构责任不清，互相推诿"的占 11%，认为最大的困难是"基层维稳人员缺乏法律思维"的占 10%，认为最大的困难是"维稳考核的功利性导向"的占 8%，认为最大的困难是"其他"的占 1%，如未定期组织相关调解业务培训。

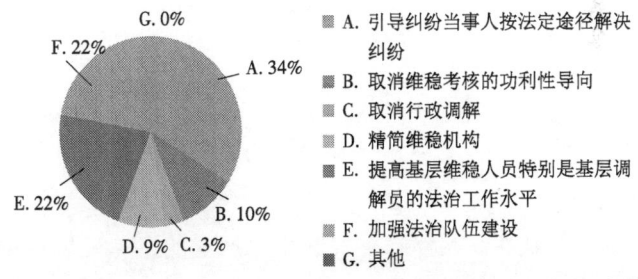

图 10　您认为解决目前维稳困境最有效的做法是什么？

　　被调查者认为解决目前维稳困境最有效的做法是"引导纠纷当事人按法定途径解决纠纷"的占 34%，认为最有效的做法是"提高基层维稳人员特别是基层调解员的法治工作水平"的占 22%，认为最有效的做法是"加强法治队伍建设"的占 22%，认为最有效的做法是"取消维稳考核的功利性导向"的占 10%，认为最有效的做法是"精简维稳机构"的占 9%，认为最有效的做法是"取消行政调解"的占 3%，认为最有效的做法是"其他"的占 0%。

第二章

莞城街道物业管理纠纷法律问题研究

引　言

　　物业管理纠纷是伴随着我国房地产业的迅速发展和物业管理的市场化而日益凸显出来的一个社会问题，因其涉及千家万户的生活、生产秩序，关系社会的稳定发展而备受各界重视。商品化住房群体的兴起和《民法典》的出台，客观上要求社区业主必须依法以管理主体的身份进行经济自治管理。然而社区最重要的管理主体的执行机构——业主委员会的缺位，导致参与社区管理的有关各方主体权力和责任错位，致使社区物业管理问题层出不穷，社区管理成本不断抬高，物业纠纷日益上升。据住房和城乡建设部统计，2013 年，全国业主大会成立的比例约 30%，广州市为 25%，上海最高，达到 80%；2016 年，深圳市住宅区业主大会的成立率约 34%，而据广州市有关部门的统计，广州市实施专业物业管理的住宅小区有 3160 个，已成立业主组织的有 900 个，占比约 28.5%。[1] 而老旧城区中老旧小区最集中的莞城街道近年来所辖地区与物业管理有关的纠纷呈现常态化，其中最为突出的就是业委会成立、换届难，甚至是筹委会难产等问题。莞城街道下辖八个社区，其中兴塘社区最为典型：2017 年城市花园小区业委会需要换届，结果筹委会成立过程中各方意见不一，报名的业主不认同街道的意见和建议；由于相关法律法规及办法中没有明确规定，街道、居委会面临监管困境，筹委会成立被搁置。兴塘城市花园小区是莞城街道乃至东莞筹委会难产的一个缩影。2016 年东莞市中级人民法院审理的"业主诉东莞市房产管理局撤销南城天利中央花园业委会候选人资格案"也反映了业委会成立过程中业主自治权与行政管理权的界限冲突问题。在新的历史背景下，政府如何顺势而为，依法规制和引导以社区业主共有产权为纽带而建立起来的业主自治组织，充分尊重和发挥该自治组织的社区自治组织功能，依法引导、管理和监督，以维护社会的稳定和持续发展，是当前的重要课题。

一、研究背景

党的十九大报告一开篇，就号召全党要"永远把人民对美好生活的向往作为奋斗目标"。报告从战略高度做出历史

---

〔1〕 黄宙辉：《广州 3160 个住宅小区仅两成多成立业主组织 业主沦为被管理者，逐渐丧失话语权》，载 http://news.ycwb.com/2018 - 09/11/content_30088244.htm。

性重大判断, "中国特色社会主义进入新时代, 我国社会主要矛盾已经转化为人民日益增长的美好生活需要和不平衡不充分的发展之间的矛盾。""人民对美好生活的向往"这一思想, 像一根红线贯穿在党的十九大报告中, 贯穿在习近平总书记的系列重要讲话中, 成为习近平新时代中国特色社会主义思想的鲜明主题和初心本色。物业管理关系涉及面广、事关千家万户, 与人民对美好生活的向往密切关联。

随着中国法治进程的不断深化, 中国政府对人权的保护不断深入, 可以说这是一个权利觉醒和复苏的时代, 甚至是一个权利泛化的社会。但是, 权利的增多并没有让我们更深入地理解权利的本质。在关乎个人利益的方面, 公民更是通过信访等方式争取。基层群众维权诉求意识强但法律意识淡薄。部分群众认为法律远离他们的生活, 在很多事情上并不信任法律。部分群众认为, 与其通过自己不了解的法律手段维权, 不如通过上访等手段向政府施加压力以争取自己的利益。

习近平强调, 凡属重大改革都要于法有据。在整个改革过程中, 都要高度重视运用法治思维和法治方式, 发挥法治的引领和推动作用, 按照法治思维处理社会矛盾, 是我国预防与化解基层社会矛盾的主要路径。强调法治思维和法治方式, 对化解社会矛盾、维护社会稳定, 具有重要的意义。实践也证明, 偏离法治轨道的维稳, 只会陷入恶性循环。党的十九大确定把坚持全面依法治国纳入新时代坚持和发展中国特色社会主义的十四条基本方略之一; 在系统治理、依法治理、综合治理、源头治理 "四个治理" 发展创新的基础上,提出了社会治理社会化、法治化、智能化、专业化"四化"要求。运用法治思维和法治方式化解矛盾、维护稳定是基层维稳和化解机制重构的必然选择。社会纠纷的复杂性和潜在社会风险的不确定性需要有效的矛盾预防机制，而现有机制却暴露了诸多问题。因此，构建新的物业纠纷解决机制必须以法治思维为指导，以引导纠纷当事人按法定途径解决纠纷为基本思路。

二、主要问题

课题组通过对物业管理纠纷的分析研究认为，物业管理纠纷主要表现为以下五个方面：

第一，在成立业主大会、选举业主委员会和筹委会、业主委员会的日常运作过程中纠纷频发。主要表现为开发商、物业企业不支持成立业主大会，部分筹备组、业主委员会不接受街道办事处的指导，在投票选举过程以及表决结果的真实性方面争议较大，业主和物业企业的合法权益难以得到有效维护，物业纠纷难以得到及时有效处理等。

第二，开发商遗留问题引发物业管理纠纷。开发商遗留问题如房屋质量问题，使得业主将矛盾指向物业。业主缺乏有效抗争手段就以拒付物业服务费、成立业主大会甚至聚众抗议等方式维权。

第三，新旧物业交接引发纠纷。业主委员会之物业委员会可以选聘、解聘物业管理企业。实践中，被辞退的物业管理公司与新选聘的物业管理公司、原物业管理公司与业主委员会之间就物业管理交接事项频繁发生纠纷。物业服务合同终止后，原物业管理公司拒绝退出物业服务区域、移交物业服务相关设施及资料等，不仅影响物业区域内全体业主的正常生活秩序，也对物业管理公司的企业形象产生很大负面影响，并在一定程度上阻碍了我国物业管理行业的持续、快速、健康发展。

第四，物业企业服务不规范。部分物业服务企业存在违反合同约定随意减少服务内容或者降低服务质量、不公开服务信息、擅自侵占业主合法权益、缺乏先进的管理机制和优质的服务能力等情况，因此物业企业的行为有待进一步规范。

第五，对物业企业的监管措施有待完善，物业监管的职责有待明确。物业管理是社会管理的重要组成部分，既有业主、建设单位、物业服务企业之间平等的民事法律关系，也有相关政府部门对物业服务活动监督的行政法律关系。在强调物业服务企业和业主自律的同时，需要进一步强化政府相关部门和街道办事处、镇人民政府、居民委员会的指导和监督职责，有效解决管理中缺位、越位、不到位等问题。

以莞城街道为例。莞城街道老旧小区集中，经过十几年使用，设施逐渐老化。主要问题有：一是业主与物业公司之间的纠纷增多。许多老旧小区原来的开发商不是大开发商，多是包工头挂靠建筑公司。前期物业公司有开发商的支持，相对比较规范，后面服务质量下降，设施陈旧，维修费用多，物业公司与业主矛盾不断增多。物业费不能提高，人力成本却不断上升，物业服务人员减少，物业服务跟不上，导致业主不愿意交物业费，从而形成恶性循环。因此业主与物业服务企业之间的矛盾时有发生。二是业委会成立难，甚至是筹委会难产成为普遍的现象。据统计，东莞市只有 15% 的住宅小区成立了业主委员会，而莞城街道是东莞的老城区，成立业主委员会十分必要。但多方利益冲突导致业主委员会很难成立，如前期物业抓住弱点干扰业委会成立，小区业主的派别斗争及街道、社区、房管所的监管职责不清，政府管理权和业主自治权界限模糊。

东莞理工学院受莞城街道法学会的委托，承担了"莞城街道物业管理纠纷法律问题研究"这一课题研究。课题组在认真研究我国相关法律、法规的基础上，在莞城街道法学会的支持下，召开了莞城街道物业管理纠纷法律问题研讨会。参加会议的人员包括某司法分局领导、社区代表、法官代表、律师代表和某房管所工作人员。与会代表从不同角度介绍了莞城街道物业管理纠纷的特点及难点。总体来讲，根据莞城街道的特点和与会代表的反映，问题主要集中在以下五个方面：①业委会、筹委会"难产"如何破解？②业主自治权和政府监管权的界限在哪里？有关政府部门的职权界限如何厘清？③物业管理纠纷多发，如何应对？④物业管理真空期的政府监管如何进行？⑤怎样建立一个有效的物业管理机制和纠纷解决机制？

其中难点和困境是业委会、筹委会经常"难产"，焦点问题则是业委会、筹委会产生过程中街道、房地产行政主管机关（房管所）、社区（居民委员会）的角色定位与职责划分。折射的是相关法律法规的不完善、冲突与缺乏可操作性；更深层次的考量和更深远意义上的研究则涉及中国基层的治理和地方法治建设的发展问题。

本章分为五个部分：

- 筹委会成立难、业委会成立及换届难的法律问题探讨
- 街道、社区、房管所的职责与作用分析
- 新旧物业交接以及物业真空期的法律问题
- 其他物业纠纷中的重点和难点问题的法律分析
- 完善物业管理和物业纠纷解决的工作机制探讨

第一节　筹委会成立难、业委会成立及换届难的法律问题探讨

一、业委会、筹委会成立难的原因分析

物业管理纠纷众多，矛盾重重，其中业主与物业公司、开发商三方之间的矛盾最为突出。业委会的成立，可以搭建政府与居民、业主和物业沟通的桥梁，促进居民参与小区自治。小区业主自行管理共有财产就必然需要成立业主委员会，以执行业主管理共同财产的决议。成立业主大会、选举业主委员会，是小区业主自行管理共有财产的唯一渠道和重要基础。业委会迟迟难以成立易对业主们的合法权益造成侵害。"据某社区问题专家称，某物业服务公司经理离任时，卷走来自几个小区公共收益共计数亿元出境投资。就是因为该小

区业委会迟迟难以成立，业主们无法进行有效的索赔。"[1]

广大业主合法权利难以获得保障，成为影响小区和谐与社会稳定的隐患。业委会难以成立的原因主要有以下几点：

（一）程序复杂

"最民主的方式放在最复杂的地方。"住宅小区筹备成立业主大会、选举业主委员会，堪称世界最严格、最繁琐的会议和选举，其需要小区业主人数和所占用面积的双过半，才能通过会议决议和选举业主委员会，否则就是失败。很多小区不能从开发商或者物业服务公司手中拿到全小区业主的联系方式，不得不像保险公司的销售员一样进行多次"扫楼"，才能得到符合"人数过半、面积过半"规定的业委会选举结果。同时，业委会的成立没有街道办等的组织，单纯依靠业主自发形成，在本身就松散的现代住宅小区中，得到一致性的结果非常困难。

（二）利益环绕

业主背后复杂的利益与矛盾纠葛导致业委会成立过程中各种矛盾交织。前期物业服务公司是开发商引进的，管建不分。物业服务企业的选聘、更换与交接需要业主大会作出决议。住宅物业管理区域符合业主大会成立条件的，应由建设单位按规定提供业主的清册。一般情况下，成立业主委员会后，物业公司的工作会受到监督，这是物业公司不愿意看到的。因此，大部分由开发商选定的前期物业服务公司会千方

---

[1]　张艳阳：《业委会成立缘何频频受阻》，载 http：//roll. sohu. com/2011 0509/n307062604. shtml。

百计地阻碍业主委员会的成立。筹备组成立之难主要体现为筹备组中业主代表产生困难。造成这一结果的原因有很多，有的是因为开发商的代言人意图利用规则维护既得利益；有的是因为部分业主对筹备组这种角色的理解偏差；也有的是因为个别业主掺杂个人利益来参与筹备组的工作。

（三）监管缺位

业委会筹备组的申请和业委会的备案工作等，都需要当地居委会的协助。受历史思维惯性影响，一些居委会对于自身定位认识不清。其实居委会与业委会一样，都是民众自治组织。二者之间缺乏沟通理解，成为业委会成立的阻力之一。东莞在 2016 年以后是街道、居委会主导，房管部门协助，但实践中各个部门都不愿意管。由于缺乏监督，换届时矛盾集中爆发。房管所、居委会如何介入？由哪一个主体负责指导成立业委会？法律对此规定得不是很清楚。"指导"和"协调"的职能定位不清，导致街道等主体因担心侵犯业主的自治权而畏手畏脚。

首先是小区管理上有真空，政府管理缺位，基层组织建设缺位，在这种情况下，容易给开发商阻挠业委会成立留下空间。其次是由于背后利益的支持与驱使，各方带着不同诉求与利益要求进入筹委会，导致筹委会成员矛盾丛生，同时一些业主缺乏公共精神。但根本原因还是地方性法规未对筹备组中业主代表如何产生作出规定。在当今建设法治政府的要求下，政府无论如何选择，都没有相关依据。政府唯一能做的就是引导、协调，其结果必然是筹备组成立遥遥无期。

二、有关筹委会成立过程中的法律问题

莞城街道兴塘社区城市花园小区业委会筹备组成员，在业主报名超过规定人数时（报名人数 38 人，规定人数是 7~15 人），本应先由报名业主自行协商解决，无法解决的再由街道政府协调解决，但现在报名的业主不认同街道政府的意见和建议，个别业主仍然坚持自己的意见。如何解决小区业委会筹备组成员人数问题，各方意见不一，相关法律法规也没有具体规定。近年来，业委会成立过程中出现大量的群体性矛盾纠纷、集体性越级上访等问题，因此街道居委会在指导、监督时因担心政府的管理权干预业主的自治权而不知如何推进，导致筹委会成立被搁置；业主委员会成立难是公认的，包括业主组织难、前期物业服务公司阻挠之难、不同部门间奔波难、前期物业服务公司不撤场难、处理业主不同利益群体内乱难。所调研的莞城街道中有高达 70% 的社区都需要成立业主委员会。现实问题是业委会成立的内部协调机制失灵，需要政府的外部干预；焦点在于街道、社区、房管所等职责不清，业主自治权和行政管理权的界限不清。

（一）主要问题

经汇总，项目组认为主要问题包括：筹委会成立的依据问题？谁来组织成立筹委会？房管所、街道、开发商代表有没有资格进入筹委会？法律规定筹委会组成人员是 7~15 名，报名人数过多如何解决？谁来审查筹委会成员资格？有业主提出成员资格异议谁来解决？

（二）法律规定与对策建议分析

1. 筹委会产生及组成依据的相关法律法规

（1）《广东省物业管理条例》第 13 条规定，业主大会筹备组由业主代表、建设单位以及街道办事处、乡镇人民政府代表 7~15 人组成，其中业主代表应当不少于首次业主大会筹备组人数的 60%。

（2）《东莞市物业管理办法》（东莞市人民政府令第 149 号）第 14 条第 2 款规定，业主大会筹备组由业主代表、建设单位代表、园区管委会、镇人民政府（街道办事处）代表和村民委员、居民委员代表 7~15 人的单数组成，筹备组组长由园区管委会、镇人民政府（街道办事处）代表担任。业主代表由园区管委会、镇人民政府（街道办事处）组织业主推荐或者业主自荐产生，业主代表人数不得少于业主大会筹备组人数的 60%。

2. 关于筹委会成员的资格

《东莞市物业管理办法》第 15 条第 1~3 款规定，筹备组成员应当符合以下条件：①具有完全民事行为能力；②具有一定的组织能力和必要的工作时间；③本人及其近亲属未在为本物业管理区域提供物业服务的企业及下属企业任职；④无索取、非法收受开发建设单位、物业服务企业财物及利益的行为；⑤无泄露业主资料或者将业主资料用于与物业管理无关活动的行为；⑥无因违法犯罪被追究刑事责任的情形。筹备组成员中的业主代表还应当依法履行及时缴纳物业服务费、按时缴纳住宅专项维修资金等义务，不得有违法装修、搭建、改变物业使用功能的行为。筹备组成员中的业主代表可以同时成为业主委员会候选人，享有被选举权。

3. 关于谁来组织成立筹委会

筹委会成立难，主要原因还在于组织不力、规则不清。虽然《东莞市物业管理办法》等规定街道办事处负责对业委会成立进行指导，但是对于筹委会的建立规定得过于粗放。

（1）《业主大会和业主委员会指导规则》（建房〔2009〕274号）第9～11条规定，符合成立业主大会条件的，区、县房地产行政主管部门或者街道办事处、乡镇人民政府应当在收到业主提出筹备业主大会书面申请后60日内，负责组织、指导成立首次业主大会会议筹备组。首次业主大会会议筹备组由业主代表、建设单位代表、街道办事处、乡镇人民政府代表和居民委员会代表组成。筹备组成员人数应为单数，其中业主代表人数不低于筹备组总人数的一半，筹备组组长由街道办事处、乡镇人民政府代表担任。筹备组中业主代表的产生，由街道办事处、乡镇人民政府或者居民委员会组织业主推荐。

（2）《东莞市业主大会和业主委员会成立若干规定》（东府办〔2017〕27号）规定，镇人民政府（街道办事处）应在收到申请之日起30日内指导、协助业主推荐产生业主大会筹备组。并规定村（居）委会在规定时间内接受业主报名参加筹备组。筹备组应当将成员名单以书面形式在物业管理区域内公告。业主对筹备组成员有异议的，由镇人民政府（街道办事处）协调解决。

（3）《东莞市物业管理办法》第14条第2款规定，业主代表由园区管委会、镇人民政府（街道办事处）组织业主推荐或者业主自荐产生。

以上规定已经明确的是：①街道办事处、乡镇人民政府或者居民委员会对业委会的成立负有组织责任；②筹备组组长由街道办事处、乡镇人民政府代表担任；③根据东莞的规定，东莞负责指导、协助筹备组的是镇人民政府（街道办事处），具体承办的是村（居）委会；④业主代表由园区管委会、镇人民政府（街道办事处）组织业主推荐或者业主自荐产生。

4. 关于筹委会成员资格的异议与处理

（1）筹委会包括哪些成员？《东莞市物业管理办法》第14条第2款规定，业主大会筹备组由业主代表、建设单位代表、园区管委会、镇人民政府（街道办事处）代表和村民委员、居民委员代表组成。《东莞市业主大会和业主委员会成立若干规定》明确建设单位若不参加筹备组，视为放弃权利，不影响筹备组的成立。

（2）主管机关街道和协助街道工作的居委会是否有权撤销不符合资格的筹委会委员？《业主大会和业主委员会指导规则》第11条第2款规定，业主对筹备组成员有异议的，由街道办事处、乡镇人民政府协调解决。《东莞市业主大会和业主委员会成立若干规定》明确，村（居）委会在规定时间内接受业主报名参加筹备组，报名的业主应当同时符合《广东省物业管理条例》第25条的规定，若报名人数超过规定人数的，由报名人先协商，协商不成的，由镇人民政府（街道办事处）协调解决；村（居）委会应当会同房管机构对自荐人及被推荐人进行身份核实。《东莞市物业管理办法》规定，园区管委会、镇人民政府（街道办事处）受理筹备组成员资格异议和作出是否更换决定。

以上文件对下述内容作出明确规定：

第一，村（居）委会应当会同房管机构对自荐人及被推荐人进行身份核实。

第二，园区管委会、镇人民政府（街道办事处）受理筹备组成员资格异议和作出是否更换决定。

第三，筹备组成员原则上是可以更换的。更换情形包括以下三种：一是筹备组建设单位（物业服务企业）代表的更换。在项目经理变更的前提下，建设单位（物业服务企业）原则上是可以更换代表的，但更换代表的行为必须具有连续性，中间不能空期，以防出现以更换代表为名行拖延筹备组工作之实。二是筹备组组长的更换。正常情况下这种情形发生的可能性比较小，但也不排除工作调动、健康状况导致无法履行职责的情形。因此我们建议原则上是由接替原组长履行其在居委会职责的人担任。三是筹备组业主代表的更换。我们建议原则上不能更换。但因房子已售、工作外派等客观原因确实无法履行代表职责的，社区可从原有候选人中按相关标准确定新的人选。

（3）报名参加筹委会的业主人数超过规定人数该如何解决呢？一般来讲，持有异议的业主可以通过司法途径解决。实践中镇人民政府（街道办事处）和居委会等不愿意发生这样的纠纷，他们试图找到可以令业主接受的办法。在现有规定下可以考虑的路径如下：

首先，规则优先，即负责组织的居委会或者街道要先定出规则。核心是让规则选、制度选。根据规则和标准产生筹备组业主代表后，即使落选业主代表有意见的，也属于对规则的完善和讨论。规则通常涵盖如下内容：①必须在小区生活和居住，且日常工作地点不得在本市以外；②代表数量要在男女性别和楼栋之间保持平衡；③与小区公共利益之间无利害关系；④筹备组成员不得有直系和旁系亲属参与业委会候选人竞选；⑤在遵守上述规则下，由全体符合条件的报名参选人共同无记名投票选举。

公平、透明原则使得社区工作站选人的标准制度化、透明化，把人事、利益之争变成规则之争。

其次，在规则制定出来之前，街道办事处、乡镇人民政府等可以按照有关规定处理。《业主大会和业主委员会指导规则》和《东莞市业主大会和业主委员会成立若干规定》都规定由街道办事处、乡镇人民政府协调解决。街道办事处、乡镇人民政府可以参照《广东省物业管理条例》的规定，以幢、单元或者楼层为单位，推选业主代表参加业主大会会议来决定人选。

再次，可以由居委会召开业主大会由全体业主表决决定，但操作起来极其困难。

最后，针对筹委会难产问题，建议成立业主委员会时由规定一定数量的业主向街道办事处申请，由街道办事处在规定时间内牵头，负责组织小区办、街道办事处、社区居委会、开发商、物业服务公司和业主发起人等代表，就成立首次业主大会筹备组需提供的指导性政策和相关服务举行联席会议，明确与会各方的具体义务和责任。街道办事处具有协调与会各方配合筹备组开展工作的权力和责任。

5. 筹备组的筹备活动能否中止的问题

答案是可以中止。这也是政府对物业监管的重要体现。但为了防止政府过度介入物业纠纷，以充分尊重业主的自治权，必须制定严格的中止标准：一是中止的主体限定为居委会、街道办；二是中止情形应严格限定在筹备组成员之间发生严重分歧，长期无法作出决定，甚至无法召开会议，形成筹备组僵局，或者是发生影响业委会公正选举或影响小区安全的情由。

6. 制订基本方案解决筹委会成立过程中的纠纷

因相关法律法规缺失，最好的办法就是从原则入手。为解决筹委会成立过程中的纠纷，项目组建议依据业主自治与政府监管相结合的基本原则制订一套基本方案。这一方案的核心是把握、贯彻、落实、平衡业主自治与政府监管相结合的原则。

7. 建议制定"物业管理委员会"制度

建议借鉴《广州市物业管理条例（征求意见稿）》的规定，制定"物业管理委员会"制度。由物业管理委员会代替筹备组并履行筹备组职能，具体如下：

（1）物业管理委员会职责包括筹备成立业主大会、选举首届业主委员会。

（2）明确由街道办事处、镇人民政府应当在物业管理区域内组织成立物业管理委员会。

（3）物业管理委员会组成：物业管理委员会由街道办事处或者镇人民政府、公安派出所、居民委员会、物业服务企业等单位代表和业主代表组成，其中，单位代表人数是1人，业主代表人数是5~11人单数。物业管理委员会主任由街道办事处、镇人民政府代表担任，副主任由居民委员会代表担任。物业管理区域无物业服务企业的，可以增加一名业主代表。

（4）具体的人数和人选产生：物业管理委员会业主代表的具体人数、人选由街道办事处、镇人民政府根据物业管理区域规模、物业类型、业主户数等因素确定。提倡中国共产党党员业主担任业主代表。

（5）物业管理委员会成员公示和更换。业主对物业管理委员会成员名单有异议的，由街道办事处、镇人民政府协调解决；物业管理委员会业主代表有不符合条件的以及物业管理委员会单位代表因工作变动或者其他原因不能履行职责的，街道办事处、镇人民政府应当及时更换，并向全体业主公告。

《广州市物业管理条例（征求意见稿）》对于物业管理委员会职能、物业管理委员会组成人员、物业管理委员会业主代表的具体人数、人选的确定及街道办事处、镇人民政府对业主代表的更换等规定具有可操作性，值得借鉴。

三、业委会成立过程中的法律问题

（一）主要矛盾与问题分析

根据课题组的调研和莞城街道组织召开的专门调研会反映总结业委会成立和业委会换届中的主要问题是：①业主清册的获得；②经费的来源；③业主身份的核实；④投票权行使中的问题；⑤专有部分投票权如何确定；⑥开发商没有卖

出去的部分投票权如何确定。

（二）有关法律规定汇总与对策建议

1. 关于开发商不提供业主清册的问题

莞城街道有五六十个老旧小区没有业主委员会或者无法成立业主委员会，问题之一就是一些楼宇没有被接收，导致某些开发商拒绝提供业主清册，从而无法成立业主委员会。

（1）《东莞市物业管理办法》第40条规定，物业服务企业承接物业服务项目时，应当对物业共用部位、共用设施设备进行查验，并与建设单位办理物业交接验收手续。办理物业交接验收手续时，建设单位应当向物业服务企业移交业主清册；未能移交前款所列资料的，建设单位应当列出未移交资料的详细清单并书面承诺补交的具体时限，并在承诺时限内完成移交工作。但没有规定相关的法律责任。

（2）《广州市物业管理条例（征求意见稿）》明确规定了企业协助筹备工作的义务：公告筹备首次业主大会会议后，物业管理委员会应当通知建设单位和物业服务企业在物业管理区域内为筹备工作提供相应的人力、场地支持，并通知物业服务企业在10日内向其提供：①业主清册；②建筑物清册；③已筹集的物业专项维修资金清册等资料。同时规定物业服务企业逾期未提供前款规定资料的，街道办事处、镇人民政府可以向不动产登记机构申请查询业主名单和房屋面积，不动产登记机构应当受理申请，并自受理申请之日起15日内免费提供。

根据以上规定可知：其一，提供业主清册是开发商的基本义务；其二，物业服务企业逾期未提供规定资料的，街道办事处、镇人民政府可以向不动产登记机构申请查询业主名单和房屋面积，不动产登记机构应当受理申请；其三，开发商不提供相关资料的，业主可从档案馆查询，如可以从城建档案馆调取所在小区的建设资料。

2. 经费的来源

（1）《业主大会和业主委员会指导规则》第 42 条规定，业主大会、业主委员会工作经费由全体业主承担。工作经费可以由业主分摊，也可以从物业共有部分经营所得收益中列支。工作经费的收支情况，应当定期在物业管理区域内公告，接受业主监督。工作经费筹集、管理和使用的具体办法由业主大会决定。

（2）《东莞市物业管理办法》第 32 条规定，业主大会、业主委员会可以支取适当工作经费。工作经费由全体业主共同承担，有物业共用部位、共用设施设备经营收益的，可以从经营收益中列支，具体的筹集、管理和使用办法由业主大会在议事规则中规定。业主委员会应当按季度在物业管理区域的显著位置公告工作经费的收支情况，接受业主监督。

（3）《河南省物业管理条例》第 20 条第 4 款规定，新建小区首次业主大会会议的筹备经费，由建设单位承担；单位小区首次业主大会会议的筹备经费，由所在单位承担；老旧小区、公租房小区首次业主大会会议的筹备经费，由县级人民政府承担。

（4）建设单位不愿配合提供首次业主大会筹备经费的，区、县物业行政主管部门或者开发区管委会可以采取一定行政手段要求建设单位执行。

（5）《广州市物业管理条例（征求意见稿）》规定物业管理委员会的日常工作经费和业主代表的工作补贴由街道办事处、镇人民政府承担。

综上，项目组认为东莞市的规定过于简单，建议参照其他地区做法，明确建设单位或者政府承担相应的经费责任。

3. 业主身份的核实

进行业主委员会选举的前提是确定业主身份，只有业主才享有投票权。《最高人民法院关于审理建筑物区分所有权纠纷案件适用法律若干问题的解释》第 1 条规定，依法登记取得或者依据《民法典》第 229 条至第 231 条规定取得建筑物专有部分所有权的人，应当认定为《民法典》第二编第六章所称的业主。基于与建设单位之间的商品房买卖民事法律行为，已经合法占有建筑物专有部分，但尚未依法办理所有权登记的人，可以认定为《民法典》第二编第六章所称的业主。

实践中，一些业主虽然是房产共有人，但因为本人名字不在房产证上从而被否定了业主身份，丧失了竞选业委会委员的资格。《民法典》和《物业管理条例》对业主身份的规定不够明确，剥夺房产共有人选举资格的做法与《民法典》保护财产共有人合法权益的精神相矛盾，因此法律关于业主身份的规定应该更加细化、人性化，在方便基层操作的同时，尽可能地保护配偶、子女等房产共有人的选举权利。

4. 投票权的确定

（1）专有部分面积和业主人数的确定方式：①专有部分面积，按照不动产登记簿记载的面积计算；尚未进行物业权登记的，暂按测绘机构的实测面积计算；尚未进行实测的，暂按房屋买卖合同记载的面积计算；建筑物总面积，按照上述面积的统计总和计算。②业主人数，按照专有部分的数量计算，一个专有部分按一人计算，但建筑单位尚未出售和虽已出售但尚未交付的部分，以及同一个买受人拥有一个以上专有部分的，按一人计算；总人数，按照上述人数的统计总和计算。

（2）业主投票权的计算：按照业主人数计算的，一人计算为一票；建设单位未售出的专有部分，计算为一票。

（3）按照建筑面积计算的，每一平方米建筑面积计算为一票；建筑面积不足一平方米的按一票计算。

（4）有关投票权争议的问题解决。一是夫妻的投票权算两个人还是一个人？一个专有部分有两个以上所有权人，应当推选一人行使表决权，如夫妻共同所有一套房，应推选夫妻一方参加业主大会行使表决权，夫妻一方行使表决权的行为视为夫妻共同的意思表示。二是不拥有完全民事行为能力的业主如何行使投票权？业主为无民事行为能力人或限制民事行为能力人的，由其法定监护人行使投票权。三是如果业主是一个组织而非个人如何行使投票权？业主为法人或者其他组织的，由其法定代表人或者主要负责人或者其委托的代理人行使投票权。四是有车位专属面积的业主如何行使投票权？车位、摊位等特定空间是否计入用于确定业主投票权数的专有部分面积，业主大会应当在业主大会议事规则中予以约定。五是未缴或者欠缴物业服务费的业主享有投票权吗？业主欠缴物业服务费，未缴纳住宅专项维修资金以及实施其他侵害业主共同利益行为的，业主大会可在管理规约和业主大会议事规则中对其共同管理权的行使予以限制。六是业主不能参加业主代表大会的如何行使投票权？一般情况下业主应当自行行使投票权，业主因故不能参加业主大会会议的，可以书面委托代理人参加业主大会会议行使投票权，代理人应出示业主身份有效证明、书面委托及本人合法的有效证件，被委托人可同时代理其他业主的人数不得多于5人。七是开发商未售出部分的投票对策。对此问题，《最高人民法院关于审理建筑物区分所有权纠纷案件适用法律若干问题的解释》和《业主大会和业主委员会指导规则》都规定业主人数按照专有部分的数量计算，一个专有部分按一人计算。但建设单位尚未出售和虽已出售但尚未交付的部分，以及同一买受人拥有一个以上专有部分的，按一人计算。八是停车位的面积是否计入投票权数。根据法学原理和司法实践，停车位应当指归全体业主共有的停车位，此种类型的停车位由于没有专有权作为基础，也就无法形成共有权和成员权，我国大部分地区的住宅停车位都属于此种情况，而在此种情况下，停车位的面积是不计入投票权数的。

5. 如何方便业主投票？

（1）《东莞市物业管理办法》第23条规定，业主大会会议可以采用集体表决、书面征求意见或者网络实名投票等记名投票方式进行表决。采用网络实名投票方式的，应当使用统一公布的电子投票系统。

采用书面征求意见或者网络实名投票形式的，应当将征求意见结果在物业管理区域或者网络投票平台显著位置公告不少于 30 日。

（2）《广州市物业管理条例（征求意见稿）》设立了业主决策电子投票平台。为给业主决定物业管理事务提供方便、快捷的信息化平台，改变耗时耗力的"扫楼"书面投票形式，解决业主大会表决结果真实性问题。《广州市物业管理条例（征求意见稿）》第 32 条规定了本市建立业主决策电子投票系统，法律、法规规定和管理规约、业主大会议事规则约定应由业主共同决定的事项，应当首先选择采用业主决策电子投票系统表决。使用电子投票表决业主共同决定的事项，有利于业主广泛参与小区物业管理事务决策和切实行使业主权利，实现维护业主合法权益的目的。

（3）有些地区规定，业主大会会议表决在确保业主意思表示真实、有效的前提下，也可以采用手机信息、电子邮件等方式实名投票。

第二节　街道、社区、房管所的职责与作用分析

从莞城街道各部门反映的情况看，在筹委会、业委会成立和换届中，街道、社区、房管所三者谁来负责、应该如何定位和承担的相应职责不是很清晰。实践中，如果部门监管责任不清，就容易扯皮，因此需要梳理法律法规的相关规定，明确街道、社区、房管所三者的地位和作用。

一、有关业主委员会成立的法律法规

有关业主委员会成立的法律法规，包括：《物业管理条例》《广东省物业管理条例》《东莞市物业管理办法》《业主大会和业主委员会指导规则》《东莞市业主大会和业主委员会成立若干规定》《最高人民法院关于审理建筑物区分所有权纠纷案件适用法律若干问题的解释》《最高人民法院关于审理物业服务纠纷案件适用法律若干问题的解释》。

我国已经于 2020 年 5 月 28 日通过了《民法典》，并于 2021 年 1 月 1 日开始施行。

二、指导、监管机关的三种模式

（一）法律法规的规定

《民法典》只规定地方人民政府有关部门、居民委员会有指导和协助职责；《物业管理条例》和《业主大会和业主委员会指导规则》明确为县人民政府房地产行政主管部门或者街道办事处、乡镇人民政府主管，具体职责授权给各省、自治区、直辖市人民政府；《广东省物业管理条例》第 5 条明确街道办事处、乡镇人民政府对设立业主大会和选举业主委员会给予指导和协助。具体内容如下：

第一，《民法典》第 277 条第 2 款明确规定，地方人民政府有关部门、居民委员会应当对设立业主大会和选举业主委员会给予指导和协助。

第二，《物业管理条例》第 10 条明确规定，在县人民政府房地产行政主管部门或者街道办事处、乡镇人民政府的指导下成立业主大会，并选举产生业主委员会。

第三，《业主大会和业主委员会指导规则》规定，由房地产行政主管部门和街道办事处、乡镇人民政府共同负责指导，但是具体的分工与职责授权给各省、自治区、直辖市人民政府。

第四，《广东省物业管理条例》第 5 条规定，街道办事处、乡镇人民政府会同物业所在地的区、县人民政府房地产行政主管部门对设立业主大会和选举业主委员会给予指导和协助，居民委员会、村民委员会予以协助和配合。

（二）立法中的三种模式

第一种模式是物业所在地的区、县房地产行政主管部门和街道办事处、乡镇人民政府共同负责指导。例如《物业管理条例》明确规定，在县人民政府房地产行政主管部门或者街道办事处、乡镇人民政府的指导下成立业主大会，并选举产生业主委员会。

第二种模式是房地产行政主管机关指导。《珠海市业主大会和业主委员会指导规则》明确了市物业管理行政主管部门（即市住房和城乡规划建设局）是业主大会和业主委员会的主管部门，依法对全市业主大会、业主委员会的活动进行监督管理。

第三种模式是街道办事处、社区工作站或社区居民委员会组织负责。《深圳市业主大会和业主委员会指导规则》第 5 条规定，街道办事处、社区工作站或社区居民委员会应当依法组织本辖区内业主大会的成立及首届业主委员会的选举工作，指导监督业主大会、业主委员会的日常活动，并处理好物业管理与社区管理的相互关系。

（三）东莞模式

东莞是第三种模式，即区管委会、镇人民政府（街道办事处）负责指导、监督业主大会成立和业主委员会选举、换届工作。《东莞市物业管理办法》的相关规定如下：

第一，市物业管理行政主管部门负责本市行政区域内物业管理活动的监督管理工作。

第二，区管委会、镇人民政府（街道办事处）指导、监督业主大会成立和业主委员会选举、换届工作。

第三，村民委员会、居民委员会应当协助、配合市物业管理行政主管部门、园区管委会、镇人民政府（街道办事处）开展物业管理相关工作，确定具体的联络人员负责联络工作，参与解决物业管理纠纷。

（四）建议学习深圳

东莞应规定社区工作站或社区居民委员会依法组织本辖区内业主大会的成立及首届业主委员会的选举工作，指导监督业主大会、业主委员会的日常活动；规定社区工作站或社区居民委员会对业主大会、业主委员会的指导工作应接受所属街道办事处的指导和监督，由街道办事处进行考核；明确街道办事处应确定一名副主任分管该项工作；街道办事处、社区工作站或社区居民委员会应当依法组织本辖区内业主大会的成立及首届业主委员会的选举工作，指导监督业主大会、业主委员会的日常活动，并处理好物业管理与社区管理的相互关系。

三、立法变迁

（一）国家和省的立法层面规定为"指导、协助"

第一，《民法典》第277条规定，业主可以设立业主大会，选举业主委员会。业主大会、业主委员会成立的具体条件和程序，依照法律、法规的规定。地方人民政府、居民委员会有关部门应当对设立业主大会和选举业主委员会给予指导和协助。

第二，《物业管理条例》第10条规定，在县人民政府房地产行政主管部门或者街道办事处、乡镇人民政府的指导下成立业主大会，并选举产生业主委员会。

第三，《业主大会和业主委员会指导规则》第6条规定，物业所在地的区、县房地产行政主管部门和街道办事处、乡镇人民政府负责对设立业主大会和选举业主委员会给予指导和协助。

第四，《广东省物业管理条例》第5条明确规定，街道办事处、乡镇人民政府主要对设立业主大会和选举业主委员会给予指导和协助。

（二）东莞市政府规章明确为"指导、监督"

第一，《东莞市业主大会和业主委员会成立若干规定》规定镇人民政府（街道办事处）依法对辖区内业主大会、业主委员会的成立、运作及活动进行指导、协助和监督。镇（街）房管机构、社区办或社会事务办（局）承办具体指导和协助工作，村（居）委会予以协助和配合。

第二，《东莞市物业管理办法》明确园区管委会、镇人民政府（街道办事处）的主要职责是指导、监督业主大会成立和业主委员会选举、换届工作。

（三）珠海明确为指导、监督、管理，深圳定位为组织、指导监督

第一，珠海明确为指导、监督、管理。《珠海市业主大会和业主委员会指导规则》规定各区（功能区）物业管理行政主管部门为本行政区域的业主大会和业主委员会主管部门，依法对本行政区域内业主大会、业主委员会的成立及活动进行指导、监督和管理。

第二，深圳定位为组织、指导监督。《深圳市业主大会和业主委员会指导规则》规定街道办事处、社区工作站或社区居民委员会应当依法组织本辖区内业主大会的成立及首届业主委员会的选举工作，指导监督业主大会、业主委员会的日常活动。

（四）关于莞城街道筹委会、业委会成立和换届中街道、房管所和社区的分工与定位

第一，街道负责筹委会、业委会成立和换届的指导、监督。

（1）指导、监督业主大会成立和业主委员会选举、换届工作。

（2）做好业主委员会备案和报备工作。

（3）指导、监督业主大会和业主委员会依法开展日常活动。

（4）协调物业管理与村、社区建设的关系，协调、处理辖区内各类物业管理纠纷。

第二，社区居民委员会应当协助、配合街道具体负责有关工作。

（1）确定具体的联络人员负责联络工作。

（2）村（居）委会在规定时间内接受业主报名参加筹备组。

（3）村（居）委会应当会同房管机构对自荐人及被推荐人进行身份核实。

（4）村（居）委会协助选票发放组发放选票。

（5）村（居）委会指导业主委员会调查处理终止业主委员会委员资格事宜。业委会不调查的，村（居）委会组织召开业主大会进行表决。

（6）《业主大会和业主委员会指导规则》第58条规定，在没有业主委员会的情况下可以由物业所在地的居民委员会在街道办事处、乡镇人民政府的指导和监督下，代行业主委员会的职责。

（7）逾期仍不组织的，可以由物业所在地的居民委员会在街道办事处、乡镇人民政府的指导和监督下，组织换届选举工作。

第三，房管所的职责。由于历史原因，某区域的房管所是东莞市房管局的下属机构，不是莞城街道的内设机构。而根据《东莞市物业管理办法》第4条的规定，东莞市房管局是市物业管理行政主管部门，负责本市行政区域内物业管理活动的监督管理工作，组织落实物业管理相关法律、法规、规章，研究制定物业管理相关政策，协调解决本市行政区域内物业管理纠纷，指导园区管委会、镇人民政府（街道办事处）、市物业管理行业协会等做好物业管理相关工作。

第四，对三者的关系进行简要归纳说明。

（1）市房管局指导园区管委会、镇人民政府（街道办事处）的具体工作。

（2）居委会具体协助街道、房管所工作。房管所、街道对居委会工作进行指导。

（3）莞城街道社会事务办（局）承办具体指导和协助筹委会、业委会成立和换届中的工作。

第三节　新旧物业交接以及物业真空期的法律问题

一、新旧物业公司交接法律问题

第一，有关法律法规规定。

首先，《民法典》第 949 条第 1 款规定，物业服务合同终止的，原物业服务人应当在约定期限或者合理期限内退出物业服务区域，将物业服务用房、相关设施、物业服务所必需的相关资料等交还给业主委员会、决定自行管理的业主或者其指定的人，配合新物业服务人做好交接工作，并如实告知物业的使用和管理状况。

其次，《东莞市物业管理办法》的相关规定如下：

（1）第 49 条规定，新的物业服务企业承接物业时，应当在业主委员会、村民委员会、居民委员会的监督下与原物业服务企业共同对物业共用部位、共用设施设备进行查验。

查验时，业主委员会应当制作物业查验记录。查验记录应当包括查验项目名称、查验时间、查验内容、查验结论等，并由查验人共同签字。查验记录同时抄送园区管委会、镇人民政府（街道办事处）和村民委员会、居民委员会。新物业服务企业和原物业服务企业对查验结果存在争议的，应当在查验记录中载明，业主委员会、村民委员会、居民委员会应当组织双方协商解决办法。

（2）第50条规定，物业服务企业退出时，应当向业主委员会移交其合法占有的业主清册等资料和财物，并配合新的物业服务企业做好交接工作。

（3）第51条第2款规定，物业服务企业合同依法解除，物业服务企业拒不退出物业管理区域或拒不移交物业管理相关资料的，建设单位、业主委员会可以请求园区管委会、镇人民政府（街道办事处）予以协助。

（4）第65条规定，选聘新的物业服务企业后，原物业服务企业不按规定退出物业管理区域的，市物业管理行政主管部门按照《广东省物业管理条例》责令限期退出；逾期拒不退出的，处5万元以上15万元以下罚款；损毁或者破坏属于全体业主的档案资料、财物和共用设施设备的，可处5万元以上20万元以下的罚款。

第二，建议借鉴《广州市物业管理条例（征求意见稿）》建立物业承接查验制度，明确企业协助筹备工作的义务和原物业企业退出时限等。

（1）《广州市物业管理条例（征求意见稿）》明确了物业承接查验制度，并规定物业服务企业和建设单位应当按照国家有关规定和前期物业合同的约定，共同对物业共用部位、共用设施设备进行检查和验收。双方应当签订承接查验协议，对物业承接查验基本情况、存在问题、解决方法及其时限、双方权利义务、违约责任等事项作出明确约定。该制度有利于保护业主共有财产，有利于明确建设单位、物业服务企业在移交和承接共用部位、共用设施设备时各自应当承担的责任和义务，有利于后续物业管理工作。

（2）《广州市物业管理条例（征求意见稿）》规定公告筹备首次业主大会会议后，物业管理委员会应当通知建设单位和物业服务企业在物业管理区域内为筹备工作提供相应的人力、场地支持，并通知物业服务企业在 10 日内向其提供：①业主清册；②建筑物清册；③已筹集的物业专项维修资金清册等资料。

（3）前期物业服务合同或者物业服务合同终止的，原物业服务企业应当在合同终止之日起 15 日内退出物业管理区域。原物业服务企业拒绝退出的，业主可以不支付合同终止之日后的物业服务费。

（4）原物业服务企业退出物业管理区域时，应当向业主委员会移交全部物业管理权、各类资料和财物，并配合新物业服务企业做好交接工作。

第三，明确责任，强化处罚规定落实。建议政府相关部门依法承担应有的责任，并依法对不遵守相关规定的开发商、物业企业进行处罚。

二、物业更换期间的应急管理

（一）《东莞市物业管理办法》规定了应急物业服务企业预选库制度

《东莞市物业管理办法》第 52 条规定，市物业管理行政主管部门可以按照公开、自愿、择优的原则建立应急物业服务企业预选库。

未依法选举产生业主委员会的住宅小区有以下情况之一的，经物业所在地的村民委员会、居民委员会征求该住宅小区业主意见并取得过半数业主书面同意后，可以由物业所在地的村民委员会、居民委员会在市物业管理行政主管部门指导和监督下代行业主委员会职责，在应急服务企业预选库中随机抽取一家物业服务企业提供服务：①物业服务企业退出物业管理区域后，未能召开业主大会会议选聘新的物业服务企业，且区域内物业管理秩序混乱，迫切需要新的物业管理服务的；②物业服务企业退出物业管理区域后，已召开业主大会会议但未能成功选聘新的物业服务企业，且区域内物业管理秩序混乱，迫切需要新的物业管理服务的。应急物业服务合同服务内容、标准和收费参照原物业服务合同执行，合同期限最长至业主大会会议作出选聘或续聘决定之日。

（二）《广州市物业管理条例（征求意见稿）》规定了服务真空期处理

物业服务企业退出物业管理区域，业主、业主大会仍未决定有效物业管理方式的，全体业主共同承担物业管理责任，相关组织和单位应当按照下列规定履行相应责任：

第一，环卫、供水、供电、供气、通信、有线电视等专营服务单位按照合同约定或者有关规定做好服务工作。

第二，业主委员会或者物业管理委员会应当在区房屋行政主管部门建立的应急物业服务企业候选库中选聘物业服务企业提供临时物业管理服务，并参照原合同约定的主要服务内容和收费标准，与物业服务企业签订不超过一年期限的临时物业服务合同。

第三，在临时物业管理服务期限内，业主委员会或者物业管理委员会应当组织业主共同决定后续有效的物业管理方式。

第四，属地政府相关职能部门履行相应的社会管理职责。

三、没有业委会之前的真空期间的监管

第一，《业主大会和业主委员会指导规则》规定物业所在地的居民委员会在街道办事处、乡镇人民政府的指导和监督下，代行业主委员会的职责。

《业主大会和业主委员会指导规则》第57条规定，业主委员会在规定时间内不组织换届选举的，物业所在地的区、县房地产行政主管部门或者街道办事处、乡镇人民政府应当责令其限期组织换届选举；逾期仍不组织的，可以由物业所在地的居民委员会在街道办事处、乡镇人民政府的指导和监督下，组织换届选举工作。

《业主大会和业主委员会指导规则》第58条规定，因客观原因未能选举产生业主委员会或者业主委员会委员人数不足总数的1/2的，新一届业主委员会产生之前，可以由物业

所在地的居民委员会在街道办事处、乡镇人民政府的指导和监督下，代行业主委员会的职责。

第二，《广东省物业管理条例（征求意见稿）》设立了"物业管理委员会"制度，填补业主委员会真空。

对于不具备成立业主大会条件或者未成立业主大会的住宅小区，物业管理委员会还可以起到与物业服务企业协调物业管理工作，在紧急情况下组织业主共同决定物业管理重要事务的作用。物业管理委员会是业委会发展的推动力量，在业委会缺位时能够及时补位。

第四节　其他物业纠纷中的重点和难点问题的法律分析

一、物业管理纠纷法律问题研究

（一）拖欠物业费是最常见的纠纷

莞城街道是广州市最老的城区，老旧小区众多，设施老旧引发的物业服务纠纷包括欠物业费纠纷高发。据介绍，2018 年 1—9 月份东城法庭受理的物业管理纠纷案件有 590 多起，60% 位于莞城街道，纠纷类型多样化，90% 为拖欠物业费。

业主与物业公司纠纷主要表现为：①业主拖欠物业费。服务下降导致物业公司与业主矛盾增多，业主拒交物业费。②管理中发生的纠纷，比如老旧小区的外墙脱落，维修基金启动难而引发的问题；公共费用分摊引起的纠纷；业主私自搭建引起的纠纷；业主财产丢失引起的索赔纠纷；业主在小区内受到侵害或被杀害引起的索赔纠纷；开发商拒不移交物业管理服务用房及配套使用的附属设施、附属设备、公共设施等引起的纠纷；物业管理承包合同纠纷；等等。

上述纠纷呈现以下特点：其一，纠纷类型多样化，但起因多为拖欠物业费。其二，群体性案件多。物业纠纷案件大多是因物业公司要求业主缴纳物业费而引起，物业公司为了起诉便利或是新旧物业公司更替时原物业公司为结清账目，往往会同时起诉多家业主。其三，被告缺席判决是常态。其四，案件撤诉率高，调解率低。物业管理涉及的当事人众多：比如承担指导监管职能的街道、社区、房管所；物业的所有业主以及代表业主利益的行使业主自治权的业主委员会；提供物业服务的企业物业管理公司和开发商等。

（二）物业管理纠纷的法律探讨

通过对上述物业管理纠纷的类型分析，可以认为物业管理纠纷大多是缘于物业管理过程中平等当事人之间基于合同而产生的一类纠纷，因此，其本质是合同纠纷，具有以下法律特征：

1. 物业管理合同是处理物业管理纠纷的基础

物业管理合同作为双方法律关系的基础，以合约的形式，按照意思自治原则，确立双方法律关系，涉及双方的权利和义务。基于此，在发生物业管理纠纷时，依据《民法典》的有关规定，双方地位平等，权利义务一致；依法成立的合同有法律约束力，应当全面履行；一方不履行或者履行不合约定，应承担相应的法律责任。

2. 按照《民法典》依法处理该类纠纷

起因于合同的物业纠纷通常发生于开发商、物业服务企业以及业主等平等主体之间，多因物业管理服务不到位导致业主对物业服务人员心存不满（其中也不乏对开发商遗留问题得不到解决而产生情绪），往往选择拖欠或拒缴物业费作为抗议手段，而物业服务企业又采取停水、停电方法以示惩戒，致使矛盾升级、纠纷出现。对此，《民法典》第944条第2款规定，业主违反约定逾期不支付物业费的，物业服务人可以催告其在合理期限内支付；合理期限届满仍不支付的，物业服务人可以提起诉讼或者申请仲裁。

二、关于维修基金使用难问题

（一）《民法典》对维修基金使用表决要求较高

虽然《民法典》降低了业主共同决定事项的表决门槛，但是对于维修基金使用表决要求仍然偏高。根据《民法典》第278条的规定，对于共同决定使用建筑物及其附属设施的维修资金，应当由专有部分面积占比2/3以上的业主且人数占比2/3以上的业主参与表决，同时应当经参与表决专有部分面积过半数的业主且参与表决人数过半数的业主同意；而对于共同决定筹集建筑物及其附属设施的维修资金，应当由专有部分面积占比2/3以上的业主且人数占比2/3以上的业主参与表决，同时应当经参与表决专有部分面积3/4以上的业主且参与表决人数3/4以上的业主同意。

（二）对策与法律规定

第一，维修基金的分栋分拆使用。共同利益使得动用维修基金容易获得表决通过。

第二，《东莞市物业管理办法》第 59 条第 2~3 款明确规定了应急维修程序支取住宅专项维修资金的情形，即发生以下可能危及房屋安全及业主生命财产安全的情形，需要立即对住宅共用部位、共用设施设备进行维修和更新、改造的，物业服务企业或业主委员会可以按有关应急维修程序的规定支取并使用住宅专项维修资金：①电梯经评估、检验认为存在事故隐患，可能发生危及人身财产安全的紧急情况；②消防部门认定需要立即整改的消防设施故障；③屋面、外墙渗漏；④楼体外立面存在脱落危险；⑤供水、排水设施堵塞、爆裂，二次供水水泵等设施损坏，但专业经营单位负责维修、养护的除外；⑥其他危及房屋使用和人身财产安全的紧急情况。

按应急维修程序支取住宅专项维修资金的，待安全隐患处置妥当后，住宅专项维修资金使用情况应当在物业管理区域内向业主公示。

同时《东莞市物业管理办法》第 59 条第 4 款又规定，对于未成立业主委员会又无物业服务企业服务的住宅小区，发生上述①~⑥项需紧急维修情况的，可以由住宅小区所在地村民委员会、居民委员会提出紧急使用住宅专项维修资金申请，经市物业管理行政主管部门审核批准后，由园区管委会、镇人民政府（街道办事处）组织代修，代修费用从相关业主住宅专项维修资金分户账中列支或由相关业主按照建筑面积分摊。

第五节　完善物业管理和物业纠纷解决的工作机制探讨

物业矛盾具有群体性、复杂性、高危性等特点，物业矛盾小则关系到小区的和谐与稳定，大则关系到社会的安定，具有高度的社会公共事件特征。因此，必须保证政府对物业管理矛盾介入和处理的主导权。当然，物业利益纠纷是基于建筑物区分所有权所产生的纠纷，是一种民事私权的纠纷。这就要求政府介入的深度和广度是有边界的，甚至要求政府的介入方式是被动的。换言之，政府不能代替司法机关对私权进行裁决和处分，政府的定位应以引导和协调为主，务必要把握业主自治与政府监管相结合的原则。实践中，在成立业主委员会的过程中确实存在着物业产权人、物业租用人、政府主管部门、街道办事处、居民委员会等权力界限模糊、权力与责任不对称、行政执法监督力度不足等问题，这是造成业主委员会成立缓慢乃至处于停滞状态的重要因素之一。

一、物业管理工作机制存在的主要问题

第一，业主委员会成立过程中，开发商和物业服务公司的配合责任规定得不明确。成立业主委员会，要准备不同种类的文件，尤其需要开发商或者前期物业服务企业的配合，如产权清册等。由于现行法律法规对相关单位的配合义务规定得不明确，有关处罚规定很难落实，导致开发商或物业服务企业相互扯皮、推托或以各种理由拒绝提供有关文件，造

成业主委员会无法完成备案手续。此外，筹备组召开业主大会需要业主联系方式的花名册、需要在小区公告或将会议通知投入业主信箱等，这些都受到某些物业服务企业的变相阻挠，开发商和物业服务企业的不合作行为，使本来十分困难的群体性组织工作变得难上加难。

第二，政府有关部门行使指导权时，其权利和相应责任的界定不对称。有关法律法规规定街道办事处和居委会指导业主委员会成立，然而在实际操作中却十分困难：首先，基层部门人力资源和经费有限，参加筹备组的指导监督在时间上难以协调和落实。其次，有关部门对物业管理法规缺乏系统的了解和学习，难以发挥指导和监督作用。最后，政府规定相关部门和单位行使指导权的同时，对其推诿、拖延造成业主委员会成立工作的延误没有明确的罚则，也未将推动和促进业主委员会成立的工作纳入业绩考核指标体系，导致相关部门动力不足、责任心不强，实际上掣肘了业主委员会成立的进程，加大了业主委员会成立的政策成本。

第三，对业委会委员缺乏权益保护规定，业主委员会的运行费用规定得不到位。业主委员会成员不仅要有较强的责任心、组织能力和协调能力，还要有一定的政策水平、政治智慧、任劳任怨的品德和顽强的韧劲。这样的复合型人才在市场经济中十分稀缺，而且他们肩负着居住区业主共有财产保值、增值的责任，给予一定报酬是合情合理的。但法律法规对业委会委员权益没有明确规定，业主委员会的运行费用来源更无相关规定，现实中很多业主委员会的费用都是业主自掏腰包或部分业主赞助。而业主委员会从成立伊始，不仅耗费了大量时间承担繁重枯燥的策划和组织工作，而且还面临来自方方面面的压力和风险，所承受的精神压力和经济损失不是少量工作津贴就能弥补的。权利和义务明显不对称，业主委员会缺乏持续发展的机制与动力。[1]

第四，业主委员会在物业管理活动中的职责不明确，对物业管理的相关制度和规定也不明确。《民法典》和《物业管理条例》明确规定，政府部门对业主委员会工作的开展负有重要的指导责任。由于物业管理是一项综合性的系统工程，涉及的相关知识、管理制度、各项职责、禁止行为等非常多，有些工作人员对物业管理的相关知识了解不多，且对法律法规的理解不到位，导致对于相关的纠纷不知道如何处理。

第五，部分小区物业公司与社区存在"多头管理"现象。多头管理，群龙难治水。由于历史原因，老旧小区普遍存在物业公司与社区管理职能交叉的现象，如小区绿化、治安、清洁卫生、停车管理等，影响了小区管理的统一性、协调性，不利于物业管理的专业化进程；另外，土地、建设、市政、公安、工商、民政部门及其他有关行政管理部门按照各自职责，负责本行政区域内物业管理活动的监督管理及物业管理区域内的行政管理工作。物业管理区域内，配套建设了大量的水、电、气等公用设施，牵涉规划、环保、园林、消防等多个执法主体。由于缺乏统一协调，部门之间各自为政，配合沟通较少，依法管理的意识不强、积极性不高，对

---

〔1〕 丁军：《北京社区业主委员会成立难的政策环境分析及政策建议》，载《时代经济论坛》2009 年第 4 期。

物业管理活动的监管难以到位。

二、完善物业管理工作机制建议

（一）完善业委会成立的相关法律规定

首先应对国务院《物业管理条例》中关于召开业主大会业主参会比例的规定进行修改。例如，第12条业主大会会议"应当有物业管理区域内专有部分占建筑物总面积过半数的业主且占总人数过半数的业主参加"这一规定不仅增加了召开首届业主大会的难度，而且也损害了业主大会制度的活力和可持续性。我国香港特别行政区的规定是10%，显然这种采用业主较低参会比例的制度设计使得参会业主不会因为缺席业主的行为而无法决定包括选举业委会在内的小区公共事务。反过来，如果缺席业主认为业主大会决定违法，可以通过司法诉讼等途径撤销业主大会的决定来维护自身的合法权益，由此需要付出的维权成本则有助于抑制业主的缺席行为，这一规定值得立法者参考和借鉴。因此在适当降低业主大会业主法定参会比例的基础上，各地应抓紧清理地方立法和城市立法中妨碍业主成立业委会的相关规定，对于明显增加业主交易成本的相关规定应尽快进行修改或删除。[1]

（二）提高业委会发展指标在政绩考核体系中的权重

项目组建议将业主委员会成立的情况，如从发起到正式成立的时间、是否有过投诉、是否与物业服务公司发生过冲

---

〔1〕 厉进伟：《业主委员会"成立难"问题及其破解——一项基于业主交易成本的分析》，载《行政与法》2018年第5期。

突、筹备组对街道办事处的工作评价等，纳入街道办事处业绩的考核指标体系。应特别注意强化对基层街道办事处在业委会成立事务上的政绩考核。街道办事处是指导协调业委会成立活动的直接责任主体，为加强对街道办事处工作的监督，应将其所辖区域内符合法定条件的小区能否成立业委会作为考核工作绩效的重要指标。在此基础上，还需要将推进业委会成立工作的责任落实到具体的工作人员，定期对业委会成立工作的完成情况进行考核，对落实业委会成立工作不认真和不到位的工作人员进行问责，从而强化街道办事处对业委会成立工作的推动责任。[1]

（三）考虑利用经济手段强化物业服务企业的相关责任

第一，将物业服务企业的经济利益与所在小区前期物业管理阶段能否成立业委会直接挂钩，将有助于改变物业服务企业抵制业主成立业委会的态度，使其更容易从自身经济利益出发主动协助业委会的成立，从而减少业主与开发商、物业服务企业的博弈成本，降低业主成立业委会的难度。

第二，应明确对成立业主委员会的配合是开发商售后服务的一部分，应明确小区成立业主委员会之前，小区业主共有财产的管理主体和责任主体是开发商，物业服务公司只是服务提供商。成立业主委员会过程中，开发商应履行将小区业主共有财产、全部图纸材料文件等按监管审查程序全数移交的义务。如不合作，应明确政府有关部门须进行监管处罚

---

〔1〕 丁军：《北京社区业主委员会成立难的政策环境分析及政策建议》，载《时代经济论坛》2009 年第 4 期。

并责令开发商履行责任。

第三，建议政府倡导建立业主委员会动力与责任相平衡的激励与督导机制。项目组认为业主委员会作为业主大会的执行机构，在对其进行监督的同时，明确业主委员会具有对全体业主共有财产进行保值、增值的经营性质，全体业主分享业主委员会所取得的成果之余，应按照市场原则给予业主委员会公平合理的报酬，并使之制度化、科学化、市场化，以保证业主委员会工作的可持续发展。[1]

第四，建立诚信体系，规范各方行为。建立企业和个人诚信档案制度，及时向社会发布企业和个人的诚信信息和不良记录，是一种有效的监督措施，详述如下：一是建立业主诚信档案。对业主有欠缴物业服务费等违反物业服务合同以及违反小区管理规约等行为的，经人民法院生效判决或者仲裁裁决确认的，要按照个人信用管理有关规定录入公民个人信用档案。二是建立业委会成员诚信档案。业委会成员有侵吞、挪用共用部位收益和专项维修资金、非法使用业委会印章等侵害业主权益且经人民法院判决确认或者仲裁裁决确认的违法行为，应依法追究责任人的民事责任和刑事责任，并按照个人信用信息管理有关规定录入个人信用档案。当事人拟竞选业委会的，街（镇）应将当事人的信用记录向全体业主公告。三是建立物业服务企业诚信档案。对物业服务企业有违反物业服务合同约定以及乱收费等行为的，经人民法院

---

〔1〕 丁军：《北京社区业主委员会成立难的政策环境分析及政策建议》，载《时代经济论坛》2009年第4期。

生效判决或者仲裁裁决确认的，按照企业信用管理有关规定录入企业信用档案。

三、完善莞城街道物业管理工作机制和纠纷解决机制

（一）落实物业管理联席会议制度

《东莞市物业管理办法》第 8 条规定，园区管委会、镇人民政府（街道办事处）应当会同市物业管理行政主管部门建立物业管理联席会议制度。联席会议由属地园区管委会、镇人民政府（街道办事处）负责组织召集，物业管理、城市综合管理、民政、住房和城乡建设、司法行政、公安、信访等有关部门和村民委员会、居民委员会、业主委员会、物业服务企业等参加。

物业管理联席会议制度主要职责是协调处理辖区内业主委员会选举、换届改选和物业服务企业交接过程中出现的问题以及其他重大物业管理纠纷。

物业管理联席会议制度的主要任务是分析研究本市住宅小区物业管理矛盾纠纷的动态，指导和检查莞城街道住宅小区物业管理中矛盾纠纷调解工作，商讨住宅小区物业管理中的重大问题，及时组织对本街道复杂、重大的住宅小区物业管理矛盾纠纷的协调和处理。

（二）成立莞城街道物业管理工作领导小组

领导小组主要负责全街道物业管理工作的领导和综合协调，落实物业管理补贴（奖励）经费和人员经费，制定物业管理考核办法；组织实施具体考核管理工作。领导小组参加联席会议。领导小组下设物业管理服务站。物业管理服务站

具体负责对辖区内物业管理工作的统筹协调，指导业主大会、业委会的成立和换届，规范业委会运作；参与辖区内前期物业招投标工作，负责小区物业服务企业退出监管工作；指导社区居委会和业委会正确使用专项维修资金；对辖区内的物业服务企业进行日常考核，督促有关问题的整改。

（三）成立物业纠纷人民调解委员会，把物业矛盾纠纷化解在基层

1. 设立物业纠纷人民调解委员会的必要性

近年来，随着居民维权意识的增强，物业纠纷逐年增多，已经成为影响社会和谐的不稳定因素。物业纠纷，琐碎繁杂、重复性高，若通过司法途径解决，既浪费司法资源，又耽误时间、耗费精力。成立专门的人民调解委员会，为争议各方搭建一个理性的对话平台，是一个值得探讨的路径和方向。物业纠纷人民调解委员会，是继医调委、道路交通事故纠纷人民调解委员会之后，又一项人民调解工作的创新。莞城街道成立物业纠纷人民调解委员会，是将物业纠纷调解与人民调解相结合，并整合各方资源，使纠纷当事人在法律、理性和协商的框架内解决争议，畅通群众的利益诉求渠道，搭建平等协商的平台，及时解决基层矛盾，化解邻里纠纷。

2. 具体职责

（1）调解所辖区域内重大、复杂物业纠纷，并通过调解工作宣传法律、法规、规章、政策等，防止矛盾激化，倡导遵纪守法、诚实守信、认真履约、遵守社会公德的理念，及时向街道物业管理工作领导小组汇报调处情况。

（2）依据法律、法规、规章、政策进行调解，法律、法

规、规章和政策没有明确规定的，依据物业服务合同或社会公德及时调处纠纷。

（3）负责纠纷调解登记、制作笔录、签订调解协议书、卷宗归档等工作。对已解决的纠纷及时进行回访，防止纠纷反复。

3. 有关建议

（1）要出台《莞城街道物业管理纠纷人民调解机制的实施意见（试行）》，明确工作目标、工作原则、组织体系、调解范围、工作流程和工作保障。

（2）加强专业、专职的调解员队伍建设。建立由专职人民调解员、律师及专业人士组成的区物业纠纷人民调解委员会及调解工作组。

（3）对兼职调解员采取"一案一补""以案定补"方式。人民调解工作经费的开支范围包括司法行政机关指导人民调解工作的经费、人民调解委员会工作补助经费、人民调解员补贴经费。案件补贴属于人民调解员补贴经费，应列入财政预算予以保障。

（4）在调解工作中要引导当事人按照法定途径解决纠纷。对于当事人不愿意调解或者调解不成的，告知当事人通过诉讼、仲裁等法定途径解决。

（四）重视对业委会成立工作的相关资源支持，要充实基层物业管理力量

增加对直接负责指导和协调工作的基层街道办事处的人力资本投入。可以考虑适当增加从事业委会事务的专职工作人员，更有效地处理业委会事务。同时应加强对居委会相关

工作人员的培训，定期组织专业性培训，帮助居委会工作人员提升处理业委会事务的能力，更好地服务于业委会的成立工作。

（五）从事物业管理工作有关人员要熟悉规则、吃透规则

了解掌握物业管理的法律法规及相关知识，是社区、街道办事处指导物业管理工作、协调处理物业管理纠纷的基础。而物业管理法律法规及相关知识涉及范围很广，专业性很强，相关人员要加强学习，做物业管理工作的明白人。只有熟悉规则、吃透规则才能在指导物业服务企业、业主大会及业委会的工作时，做到职责清楚、有的放矢，才能发挥在物业管理活动中应有的作用。

第三章 | 东城街道推动全民普法纵深开展的探索与实践

引　言

　　普法暨法治宣传教育是通过多种形式宣传宪法，宣传中国特色社会主义法律体系，宣传立法、执法、司法、守法等法治实践，弘扬社会主义核心价值观，推进社会主义法治建设，推动全社会自觉尊法学法守法用法。党的十八大以来，以习近平同志为核心的党中央高度重视全民普法工作，强调坚持把全民普法和守法作为全面依法治国的长期基础性工作，全民普法成为我国独有的一项伟大系统工程。

　　东城街道普法工作紧紧围绕街道的经济社会发展大局，围绕党委和政府中心工作，以促进街道法治建设为动力，以贯彻实施法律法规和方针政策为重点，以丰富普法形式为手段，以构建和谐平安东城为目标，大力传播法律知识，弘扬法治精神，建设法治文化，努力开创了凝心同力于法治工作的新局面，为建设和谐东城、平安东城营造了良好的法治环境。为做好东城街道第七个五年法治宣传教育工作，充分发挥法治宣传教育在基层全面依法治理中的基础作用，推进全民普法和守法，东城街道根据市司法局对普法工作的部署，编制并印发了《关于在东城街道公民中开展法治宣传教育的第七个五年规划（2016—2020 年）》，明确了普法工作的指导思想、工作目标、工作任务、工作要求、方法步骤、组织领导和保障措施，使普法工作有规划、有秩序地进行。东莞市东城街道是东莞重要的商贸中心、文化中心，这里经济发达、商户云集；同时也是东莞市司法局所在地，并且邻近东莞理工学院莞城校区。东城街道法学会、司法分局在推动普法工作中非常重视整合多方面普法资源，构建多元参与的社会化普法新格局；谋求普法对象由"单位人"向"社会人"转变，由向固定人群普法到向流动人群普法发展；同时不断创新普法形式，由常规普法发展到立体化智慧普法；注重精准普法，不断提高针对性和实效性；坚持以人为本，服务群众，关爱弱者，普法先行；打造五个品牌、创建四个支撑，建立普法长效工作机制。

其中东城街道法学会、司法分局在利用地缘优势借力普法方面做得尤其有特色。它们重视依托市司法局普法资源服务东城普法、借力高校普法资源建立校地联合普法机制、利用东城处于东莞商贸中心的特点，在地铁口、商圈地、公园等地进行多种形式的法治宣传，有力强化了法治宣传对流动人群的影响和辐射作用，推进了东城街道全民普法的纵深开展。2018 年，东城街道东泰社区被评为第七批"全国民主法治社区"；2019 年，东莞市司法局东城分局局长李春梅获得了全国"七五"法治宣传教育先进个人荣誉称号。东城普法遍地开花、硕果累累、亮点纷呈。

第一节　充分整合资源构建多元参与的
社会化普法新格局

党的十九大提出新时代加大全民普法力度，普法不再只是法律法规受众的外部需求，更是对执法者、服务者、管理者自身的法治化要求；普法主体也不再只是专门的普法机构，更包括执法管理服务等部门自身。要有效实现对广大人民群众的普法宣传，仅靠普法机构显然无法完成。这就要切实健全完善普法宣传机制，各类普法资源充分整合与利用，由司法行政机关单独普法到全社会参与普法。东城街道不断创新普法机制，形成了以政府资源为基础，以部门资源为主导，以社会资源为补充的资源投入和推进机制。综合各方面的资源，利用、融入、渗透、发挥一切具有宣传教育职能的部门优势，不断拓展宣传阵地，充分利用政府各单位公示栏制定法律宣传专刊，使各单位参与到法治宣传工作中来；通过搭建、推广多种平台，促进政府各职能部门、各企事业单位加强行业法治宣传。

一、发挥司法分局在普法中的统筹作用

司法分局作为法治宣传教育主管部门，从宏观层面进行规划，安排部署，搭建平台。东城司法分局把深入学习贯彻

习近平总书记重要讲话精神作为重要政治任务来抓，精心组织，扎实开展多形式、分层次、全覆盖的学习培训活动；编制并印发了《关于在东城街道公民中开展法治宣传教育的第七个五年规划（2016—2020年）》，明确了普法工作的指导思想、工作目标、工作任务、工作要求、方法步骤、组织领导和保障措施，使普法工作有规划、有秩序地进行。为了进一步落实任务，2016年，东城召开街道"六五"普法总结暨"七五"普法动员会，表彰先进的同时研究部署街道未来五年的普法规划。为推进落实普法工作，建立普法工作联席会议，组建了"七五"普法讲师团，成立了"南粤春雨"普法志愿者队伍，定期开展普法活动。同时，将普法相关工作经费纳入街道财政预算，近三年普法工作专项经费投入约259万元，为街道普法工作的开展提供经费保障。

二、落实"谁执法谁普法"责任机制

司法分局联合街道相关职能部门，落实"谁执法谁普法"的普法责任，将法治宣传与日常工作职能相结合，广泛开展普法活动。东城街道以街道名义发布《东城街道行政执法部门普法责任清单》，强化部门普法工作责任，督促"谁执法谁普法"责任的落实，促使各社区、单位在管理、服务过程中，结合行业特点和特定群体的法律需求，开展法治宣传教育。

三、推动部门联合普法

司法分局统筹部署联合各个部门进行法治宣传教育是东

城街道普法常态。整合资源，联合相关部门根据不同群众特点开展相应的普法活动也是东城街道普法的又一个亮点。据统计，2018年共计举办主题宣传活动37场，发放各类宣传资料约40 000份，活动服务人数约6000余人次，推送微信普法信息共计263条，并组织社区法律顾问开展法治讲座104场，户外宣传活动20场。根据普法内容或者节日主题，由不同的职能部门或者多个职能部门承担主要普法任务，多个部门联合普法可以有效拓展普法的影响力。比如，2019年"4.15全民国家安全教育日"普法宣传教育活动，就是由东城街道政法办、司法分局、扫黑办、信访办、公安分局、交警大队、人社分局、卫健局、社卫中心、网格管理中心、社会事务局、总工会、妇联、团委、市场监管分局、教工委办等联合进行。再如，多个部门联合东城黄旗山城市公园开展了"国家安全"主题宣传活动。

四、联合社区普法

东城街道下辖23个社区，因此社区普法是东城街道的重点工作。而司法分局人手少、任务重，因此与社区联合普法也是近年来东城司法分局主推的普法形式。2019年5月15日下午，东城司法分局联合东城街道禁毒办、花园新村社区、东城交警大队、花园小学及东城卫生健康局等部门在花园小学开展了主题为"万众一心，禁绝毒品"的禁毒普法游园会。花园小学700名学生及部分家长代表参加了活动。2019年5月20日上午，东城司法分局联合东泰社区走进东莞朝天实验小学开展"'宪法在我心中'法治宣传进校园——'宪法教育大课堂'公开课"活动。据了解,"宪法教育大课堂"是广东省教育厅与省普法办、省司法厅、团省委联合举办的"宪法在我心中"法治宣传进校园系列活动之一,也是新时期校园普法的有益尝试和创新实践。通过鲜活生动的语言和事例、活泼有趣的形式和手段,将宪法的学习教育贯穿于立德树人全过程,使宪法精神深入人心,以宪法权威凝心聚力,意义重大、影响深远。

五、借力"一村一法律顾问"推动普法进社区

东城街道是东莞市最早试行社区法律顾问的镇街,东城23个社区都有法律顾问,实现了"一村(社区)一法律顾问"。按照东城司法分局的要求,每个驻村法律顾问一个月要举行固定的法律咨询一次,每三个月举办一次普法讲座,由驻村法律顾问针对社区常见的法律问题进行专题法律讲座,驻村法律顾问成为东城街道重要的普法力量。东城街道还充分利用公益法律顾问团,深入社区、企业举办法律咨询、法治讲座,增强基层群众的民主意识和法治观念;通过法律援助热线,为群众提供快捷高效的法律服务,及时向群众宣传法律热点、难点;推进律师和法律工作者参与信访接待和调处民事纠纷,广泛宣传法律知识,达到"接待一次信访、调处一起纠纷、宣传一次法律、教育一片群众"的效果。各社区法律顾问采取定期接待和预约接待相结合的工作模式提供法律咨询。2018 年,驻村法律顾问向社区、居民提供法律咨询 939 次,免费出具法律意见 39 次,参与人民调解 22 次,承办法律援助案件 5 宗,提供其他法律服务 158 人(次),

开展街道法治巡回讲座92场（次），共向社区居民派发宣传资料约6.3万份。

六、依托市司法局普法资源服务东城普法

东城街道是市司法局所在地，也是东莞市普法办所在地，因此东城街道非常重视借东莞市司法局的普法资源，通过参与东莞市司法局和其他职能部门的执法活动和利用在本街道举行普法活动的机会服务于东城的普法，积极依托市司法局普法资源服务东城普法是东城普法的亮点之一：一是充分依托东莞市司法局的普法资源，实现资源共享。东莞市司法局坐落在东城街道内，作为东莞市的普法主管部门，东莞市司法局负责拟订法治宣传教育规划，组织实施普法宣传工作。相应地，一些大型的普法活动以及市一级职能部门的普法活动也会在东城街道举行。东城司法局充分利用这一资源优势，积极参与和介入东莞市司法局统一组织的普法活动。比如，2019年12月1日上午，市委政法委、市委依法治市办、市委网信办、市司法局、市普法办、东城街道办在民盈国贸城白玉兰广场举办"宪法宣传周"东莞市启动仪式暨"弘扬宪法精神、推进国家治理体系和治理能力现代化"主题宣传活动。市委常委、市委政法委书记、市委依法治市办主任杨东来，市委依法治市办副主任、市司法局局长、市普法办主任陈鸿钧，东城街道党委书记刘林宏及全市49个普法责任单位负责普法工作的同志参加了活动，东城街道积极组织辖区内的群众参与活动。二是东城司法分局积极组织本辖区职能部门和驻村律师参与市局的统一活动。例如，2019年，在法律

咨询区，有三十多个职能单位和东城街道多名驻村律师为群众派发普法资料、提供免费的法律咨询等便民服务。三是东城文化广场、民盈国贸城白玉兰广场都是东莞全市性法治宣传活动的主要场地。东城司法分局积极组织参与在这些地点举行的大型普法活动，做好动员宣传工作。

七、依托高校普法资源建立校地联合普法机制

东城普法的最大亮点是东城司法分局与东莞理工学院联合打造的"东城—理工"地校联动普法机制和品牌。东莞市司法局东城分局与东莞理工学院连续三年签订协议，借助东莞理工学院法学专业师资和学生资源，一方面通过法律进校园活动，东城司法分局在东莞理工学院与师生一起通过举行法律宣讲、读书会、辩论赛、演讲比赛、普法视频（课件）比赛、普法教育与成果展示等活动深入推动大学生法治宣传教育的开展；另一方面东城司法分局利用东莞理工学院法学专家集聚的特点，聘请法学老师定期举办各类讲座，双方合作举行论坛等，东莞理工学院的法学老师成为东城普法的重要力量。"东城—理工"地校联动普法的最大特点是东城司法分局把与东莞理工学院莞城校区相邻的地缘优势最大化，充分利用法学专业学生资源组成普法志愿队推动法治进社区、进校园、进企业。学生既是东城司法分局的普法对象又是东城司法分局组织各种普法活动的主要参与者。

八、成立普法志愿队强化普法力量

法治宣传教育仅仅靠司法工作人员是远远不够的，为此

东城司法分局成立普法志愿者服务队，让有志于普法宣传的群众加入进来，共同普法。怎样让普法志愿者服务队更专业？怎样让普法宣传更有成效？如何有效发挥普法志愿队的作用？一方面，东城司法分局吸引东莞理工学院法学专业的学生加入，充分发挥他们的专业优势；另一方面，东城司法分局非常重视对志愿者的培训。比如在"榴花法治公园普法宣传体验之旅"中，东城司法分局首先对志愿者们进行了一个简短的培训，主要让他们了解宣传资料中的法律知识，让他们清楚要点，要求他们给群众派发普法宣传资料时，对群众进行简单的内容介绍。其次要求志愿者们沿途留意公园内的普法宣传设施，对设施进行简单维护，学习设施中的法律知识并向过往群众介绍普法宣传设施及其中的法律知识。活动过程中，普法志愿者们通力合作、各司其职。活动结束后，东城司法分局组织志愿者们做活动总结分享，志愿者们表示获益良多、收获满满。

第二节　谋普法对象由"单位人"向"社会人"转变

多年来东城街道重点普法人群一直集中在公职人员、青少年和企业务工人员三个群体，近年来东城区在把领导干部和青少年作为重中之重的基础上，开始拓展普法对象到社区居民、新莞人，同时利用东城处于东莞商贸中心的特点，在地铁口、商圈地、公园等地进行多种形式的法治宣传，强化法治宣传对流动人群的影响和辐射作用。

一、深入推进重点人群普法

东城街道一直以来把领导干部、青少年和外来务工人员作为重点普法人群。抓住领导干部、公务员队伍，坚持法治教育从青少年抓起，坚持对外来务工人员法治宣传教育。

（一）加强公职人员的法治教育

第一，制订领导干部学法计划，通过会议部署、集中学习培训、法治讲座、学法考试考核、法治征文、个人自学和以会代训等方式开展学习宣传。

第二，加强领导干部宪法学习。通过向领导干部发放宪法学习读本，开展宪法学习讲座并组织宪法考学活动，推动公职人员加强宪法学习，增强宪法意识，带头尊崇宪法、学习宪法、遵守宪法、维护宪法、运用宪法，做尊法学法守法的模范。

第三，每年举行街道公职人员学法考试，党政机关、事业单位的公职人员和社区两委干部进行学法考试，将考核成绩作为公务员任职、定级、晋升和年度考核的重要依据，将领导干部学法纳入政绩考核范畴，提高领导干部依法治理的意识与能力。

以抓好领导学法为龙头，切实加大领导干部、机关公务员和工作人员的学法力度，提高依法决策水平。几年来，东城街道把领导干部学法作为街道重要议事日程，先后邀请了多名教授授课，举办了多个宪法和法治讲座，为各级领导干部充实法律知识。每年组织领导干部到市委党校参加各类学法讲座；还通过组织举办普法考试、专题学习、警示教育等多种形式，提高东城各级领导干部的法律素质和法治化管理水平，每年组织东城各机关事业单位干部、社区"两委"干部进行学法考试，参考率和及格率均达到了100%，使领导干部学法用法逐步走上规范化、制度化。

（二）深化青少年法治教育

1. 上一堂法治课

与教办合作积极落实法治副校长制度，在中小学开设常规性普法活动，将法治教育纳入中小学的日常教育体系，坚持做到每学期至少上一堂法治课。

2. 举办法治教育讲座或活动

举办法治教育讲座，大力推进"法律进学校"。借助"七五"普法讲师团和社区法律顾问的力量，结合特殊时间节点，在学校开展法治宣传活动，如举办"12.4"法治知识进校园系列活动、"抵制毒品，不让毒品进校园"主题教育以及"反校园暴力"知识讲座等。

3. 组织各类法治实践活动

组织街道中小学生参与各类法治实践活动。例如，联合法院、监所、交通、消防等普法职能部门，开展模拟法庭、警示教育、消防演习等青少年喜闻乐见的普法实践活动。以"校园法苑"建设为抓手，在街道中小学举办"悦成长、守护行"校园预防暴力宣传活动、"与法同行"演讲比赛、"青春飞扬、法律护航"普法系列活动之防拐骗知识主题班会、"诚信意识、由我做起"普法活动系列之诚信教育主题班会、"法律我先行"手抄报大赛、"认识故意伤害"普法主题班会等一批有影响力的青少年普法活动，在中小学营造浓厚的青少年学法、知法和守法氛围。

（三）加强外来务工人员法治宣传教育

引导外来务工人员学习法律知识，树立法律意识和法治观念，做到守法从业、依法维权。按照"谁主管、谁负责，谁用工、谁负责"的原则，将法治教育落实到企业和单位，同时把法治宣传教育与依法加强流动人口管理与服务结合起来，为外来务工人员提供有力的法律服务，努力保障外来务工人员合法权益，有效防范和化解矛盾纠纷。在有条件的企业设立普法工作站，实现外来务工人员法治教育经常化、制度化、规范化。联合不同部门开展进工业区摆摊活动和普法宣传活动，为外来务工人员提供实用法律知识；并派发法律服务便民卡，合理引导使用公益法律顾问服务，进一步化解基层劳资矛盾，为依法维权保驾护航，把教育、服务、化解矛盾有机结合。

二、强化对社区居民及企业事业单位经营管理人员法治教育

东城街道经济社会的快速发展和工业化进程，特别是征地拆迁给东城街道累积了诸多的与土地有关的社会风险和社会矛盾。近些年，公众的权利意识不断增强，但对居民的法治教育仍然是一块短板。此外，特殊的人口结构特别是外来打工者数量巨大使得该街道的劳资纠纷、社保纠纷呈现异常活跃状态。东城街道根据东城企业数量多、外来人口多、劳资纠纷多发以及社会管理任务重的特点强化了对企业事业单位经营管理人员的法治宣传教育。

（一）加强社区居民法治宣传教育

开展与居民生产生活相关的法律法规宣传，引导居民参与基层自治活动和其他社会事务管理活动，帮助居民掌握和运用解决矛盾纠纷、维护合法权益的法律知识和法律途径。开展社区"两委"干部法治教育轮训活动，培养基层法治教育骨干，充分发挥他们在开展法治宣传、法律咨询和化解矛盾中的作用。依托社区公共法律服务站、"一村（社区）一法律顾问"、"送法上门"等平台资源，融法治宣传教育于各项惠民活动中，积极为社区居民群众提供及时、有效的法律援助和法律服务，推进基层社区普法工作的常态化。深入群众，以法治宣传栏为载体，每季度定期更新法治宣传挂图，让居民群众在日常生活工作中随时接触法律法规；并推进公共法律服务平台的建设，进一步为群众提供专业、便捷的公共法律服务。通过深入扎实的法治宣传教育和法治实践，进一步提高群众法律意识和法律素质，服务、引导群众依法有序参与公共事务管理，合理合法表达诉求；进一步提高社区、村基层事务管理的法治化程度，提高人民群众对法治原则的认同度，从源头预防和化解矛盾纠纷；进一步深入宣传法治精神，培育法治文化，推动形成自觉守法用法的社会环境。

（二）加强企业事业单位经营管理人员法治宣传教育

开展与企业经营管理相关的法治教育和法治培训，建立企事业单位经营管理人员学法用法考试考核制度。培养企事业单位经营管理人员诚信守法、依法经营的观念，提高依法经营、依法管理的能力。社区、职能单位及社会组织机构，针对企业人力资源管理者，定期举办普法宣讲会、座谈会，

提高用人单位的守法意识，加深企业人力资源管理者对有关
政策法规的认识和理解，引导企业规范用工行为，完善规章
制度，主动调整用工关系，妥善化解劳资矛盾，共建和谐劳
动关系。

三、"社会人"普法是东城推动全民普法的重点

为推动全民普法纵深发展，"六五"普法特别是"七五"
普法以来，东城街道加强了对新莞人和社区居民的普法力度。
从人群的一般特点看，这两类人群具有数量大、分布广的特
点，东城街道利用电视、广播、宣传栏、微信及微博等方式，
将普法的重点扩展到这两类数量巨大的社会群体。

（一）深化对新莞人群体的法治教育

第一，利用电视、广播、宣传栏、微信及微博等方式，
以用工单位、社区法治宣传栏为阵地，不断加强对新莞人的
法治教育。

第二，结合重要时间节点，举行"新莞人服务日"
"3.15国际消费者权益日"及在务工人员返乡高峰期举行系
列普法咨询活动，帮助新莞人通过合法途径维权。

第三，将榴花公园打造为"外来务工人员学法基地"，
在公园风景中融入社会主义法治理念及相关法律知识，让群
众潜移默化地学习法律知识。

（二）深入开展居民群体法治教育

第一，以法治宣传栏为载体，每季度定期更新法治宣传
挂图，让居民群众在日常生活工作中随时接触法律法规。

第二，推进公共法律服务平台的建设，借助"一社区一

法律顾问"的力量，进一步为群众提供专业、便捷的"一站式"办理和"一条龙"免费公共法律服务。

第三，定期举行法治巡回讲座和户外法治宣传活动，提升居民的学法意识和用法能力。以增强社区居民法治教育针对性为重点，创新形式载体，推动在公共领域建设固定的法治宣传设施、增加社区公益广告的投入，及时更新不同主题的法治宣传展板、标识、挂图。

四、依托商圈集中的地域优势发挥普法对流动人群的辐射作用

东城街道是东莞市主城区四个街道之一，是东莞的新型工业示范区、商贸服务中心区、生态人居休闲区、现代文明样板区、和谐富裕先导区。东城街道深入实施"商贸东莞"工程，全力打造以东城大道为中心，花园新村、主山、东泰、下桥、同沙为支点的核心商业圈。加强商业招商，在建及建成世博广场、君豪商业中心、星河传说、世纪广场、东泰友谊市场等一批大型主题购物中心，引进了华润万家、海雅百货、上海永乐、好又多、家乐福旗舰店等一批国内外知名的品牌项目。个体经济发展迅猛，全街个体工商户累计超过两万户，成为东莞城镇圈中最具实力和活力的地区。东城司法分局把握"法律援助周""6.26国际禁毒日"等时间节点，联合妇联、团委、信访、国土、供电等部门，协助开展各类主题的专项普法活动，到社区、公园、工业园、超市等人流密集地举行专题普法宣传活动，向群众派发法条读本，现场解答法律咨询，着重推进效果良好、层次深入的普法宣传活动。利用优越的地理位置加强对普法资源的利用、发挥普法作用、拓展普法效果是东城街道普法的重要特色。

（一）在东城广场、地铁口和商贸中心举行大型普法行动

东城广场、地铁口和商贸中心是人流密集场所，东城街道利用这一地理优势把一些普法宣传活动安排在该地区举行。2019 年东城司法分局协同街道禁毒办、市场监管分局、人社分局、公安分局电诈等部门在国贸中心负二楼民盈剧场开展了禁毒普法宣传活动。上述部门特别选择在暑期进行该普法宣传活动，源于暑期国贸中心每日的人流量大，是普法宣传的前沿阵地，在这里开展禁毒普法宣传活动，可以让更多的人了解《宪法》及法律知识；认识毒品，拒绝毒品。活动中，东城司法分局工作人员通过发放《宪法》小册子、《如何申请法律援助指南》、《如何聘请律师指南》、禁毒宣传册等普法禁毒宣传资料，并通过 LED 大屏循环播放普法、禁毒宣传片、VR 体验、摊位游戏等形式向居民讲解宪法法律知识、新型毒品种类以及毒品给家庭和社会带来的严重危害等。精彩的活动宣传吸引了大量居民驻足观看和现场体验，有效发挥了法治宣传的辐射作用。

（二）在人流集中的公园举行普法活动

每年都有多场普法活动在榴花法治公园、黄旗山城市公园、虎英公园等人流集中地方进行。2019 年 4 月 15 日，东城街道政法办、司法分局、扫黑办、信访办、公安分局、交警大队、人社分局、卫健局、社卫中心、网格管理中心、社会事务局、总工会、妇联、团委、市场监管分局、教工委办依托"4.15 全民国家安全教育日"这一节点，在东城黄旗山

城市公园正门开展了国家安全主题宣传活动。志愿者给群众派发普法宣传资料时，对群众进行简单的内容介绍。2019 年 8 月 25 日，东城街道禁毒办联合东城派出所在虎英公园开展禁毒普法活动。

（三）在人流聚合地点发布法治类公益广告

在辖区干道沿线、公交候车厅、大型立柱、LED 屏、公共场所、电梯等发布法治类公益广告。各社区、林场以及人流密集的公园、车站、工业园等公共场所共建大型法治宣传栏 42 个，做到专栏专用，每季度定期更换法治宣传图和社区法治宣传报。东城司法分局充分利用街道现有资源，以户外投播的形式，在东城文化中心、虎英公园等地的户外宣传 LED 屏上播放普法视频，让辖区居民和流动群众在健身休闲之余可以更直观地感受到法治文化，营造法治文化氛围，依托商圈集中的地域优势发挥普法对流动人群的辐射作用。

第三节　精准普法不断提高针对性和实效性

检验法治宣传教育是否有成效，关键还得看实践中是否真正很好地运用了法律。只有把学法的成效转化为法治思维和法治方式，才能提高全社会的法治水平。因此东城司法分局十分重视精准普法，力争做到因人普法、因事普法、因时普法；根据普法对象的年龄阶段设计普法课程和普法形式；特别是在普法中坚持以人为本、服务群众、关爱弱者，普法先行。按照普法惠及民生、改善民生的要求，推进普法公共服务均等化。从群众需要出发开展法治宣传教育，围绕建设幸福东莞，深入学习宣传与民生相关的法律法规。加强保护公民生命自由、财产权利、收入分配、劳动和社会保障、社会救助等方面法律法规的宣传教育，促进社会保障体系建设，依法保障人民群众的根本利益。

一、因人因事因时普法

（一）因人普法

根据不同部门、不同行业、不同时期、不同对象的特点，确定法治宣传教育的重点内容，采取切实可行的方法，增强工作的针对性。加强对法治宣传教育工作绩效评估考核，提高实效性。例如，利用每年 3 月开学季有利时机，开展"送法进校园"活动，每名法治校长讲一堂法治教育课，让法治进校园、进课堂；用好领导干部学法考法网络平台，督促机关干部健全学法档案，提高依法行政水平；把握春季务工潮，在劳务市场开展法治宣传专项活动，保护务工人员合法权益。

（二）因事普法

根据矛盾纠纷不同性质因事普法。根据婚姻家庭、抚养赡养、土地关系、劳动合同等不同类型矛盾纠纷，有针对性地开展法治宣传，将普法宣传贯穿于人民调解工作全过程。结合调解案例，用群众身边事"以案释法"，增强宣传效果。

（三）因时普法

根据不同社会热点因时普法。围绕市委、市政府中心工作和社会热点，有针对性地开展法治宣传。换届工作期间，重点宣传《全国人民代表大会和地方各级人民代表大会选举法》及严肃换届纪律相关法律法规和政策精神，明确换届工作纪律要求；文明城市、食品安全城市创建过程中，加强城市管理、卫生、道路交通、食品安全等法律法规政策宣传，规范群众日常行为，营造良好氛围；发生社会热点事件时通过多种形式，积极引导社会舆论，维护社会和谐稳定。

二、根据普法对象的年龄阶段设计普法课程和普法形式

（一）针对幼儿设计法治思维启蒙教育课

普法从幼儿抓起，东城司法分局走进幼儿园，给小朋友安排法治思维启蒙教育课。目的是让小朋友们认识"法律"这个好朋友，在小朋友的心里播下遵纪守法的"种子"。比如在幼儿园法治宣传教育中，主讲人向小朋友讲述了以"法律是我们的好朋友"为主题的法治启蒙课。从孩子们过马路为什么要遵守交通规则、每周学校为什么要举行升国旗仪式等日常生活小事谈起，在讲解中穿插游戏互动、绘本分享、有奖问答等形式，让小朋友积极参与其中，深入浅出地让孩子明白法律就在每个人的身边，让孩子明白在学习生活中哪些事可以做、哪些事不可以做，让孩子们对法律有粗浅的认识，使孩子建立起初步的法律意识。幼儿法治思维启蒙教育系列课程是东城司法分局针对幼儿特点专门设计的系列课程，内容涵盖认识"法律好朋友"，认识和建立"规则意识、平等意识、秩序意识、责任意识、保护意识、财产意识"等方面的法治启蒙知识，力求在常规普法活动的基础上，积极探索扩展幼儿普法新形式、新方法。

启蒙课程设计前，东城司法分局针对幼儿特点进行了全面调查分析，总结出 3~6 岁这个年龄段是孩子的语言及智力发育的黄金时期，而此阶段幼儿具有观察力笼统分散不稳定、注意力会随兴趣转移及思维能力以形象为主的特点。结合幼儿心理及思维特点，在课程设计中，采取互动问答、绘本分享、童谣、情景剧等多种方式，充分调动幼儿的参与性，发挥幼儿的想象力，使得他们以最适合自己的方式认识并接纳法律知识，在心中种下法治和遵纪守法的"种子"，为日后的法治教育奠定稳固的基础。

（二）从基本法律常识入手设计针对小学生的宪法教育

东城司法分局在设计针对小学生的法治宣传教育活动时，结合这一时期儿童特点，注重基本知识的普及和讲解，注重生动性和趣味性。比如小学生的宪法教育，司法分局通过什么是宪法、宪法知识问答、宪法和法律是如何保障儿童的权利、法律小知识及宣誓五个部分，生动有趣地开展了宪法教育活动，讲授了宪法相关知识。通过对学生们需遵守的规章制度进行法律解读，让学生们认识到什么该做，什么不该做；激发了学生们的学法热情，帮助学生学习宪法基本内容，让学生基本了解宪法、内心尊崇宪法。

（三）通过以案说法、诵读宪法设计针对初中生的宪法教育

在设计针对初中生的法治教育宣传中，东城司法分局通过尊崇宪法、学习宪法、以案说法、诵读宪法等环节，将抽象的法理知识直观生动地呈现出来。"宪法在我心中"，从"尊崇宪法、学习宪法、少年说法、诵读宪法"四个模块层层递进，通过小组展示、视频播放、抢答问题、我为宪法宣

传发声、课堂感悟分享等形式，学生们踊跃现身说法，有趣而生动地开展宪法教育，不仅充分激发学生的学法热情，帮助学生学习宪法基本内容，让学生基本了解宪法、内心尊崇宪法，而且有助于实现"认识了宪法""震撼了心灵""挑战了自我"的普法效果，让宪法精神牢牢扎根于青少年学生的心中。

（四）通过举办"成人礼"设计针对高中生的法治教育

"成人"意味着具有公民资格，成为独立的民事主体和完全的刑事责任主体。将宪法宣传教育融入其中，是"成人礼"的一个重要环节，通过宣传《宪法》赋予公民的权利和义务等相关法律知识，增强学生法治意识和公民意识，激发学生成人的社会责任感、使命感，让宪法精神和法治观念通过潜移默化的方式走进每个学生的心坎。年满18岁，就要了解公民的基本权利和义务。学生们接过这份沉甸甸的礼物，意味着自己已成为法律意义上的独立主体，享有完全的政治权利和民事权利，同时也将独立承担全部的法律责任和义务。这等于提醒学生们在享受成年人的自由、快乐和权利时，更要肩负起祖国未来接班人的重担、民族复兴的责任。18岁，从宪法上说，公民享有选举权与被选举权；从民法上说，成为完全民事行为能力人，要"一人做事一人当"；从刑法上说，成为完全刑事责任能力人，对自己的行为要承担责任，不再因为自己的年龄而减轻处罚。

（五）让大学生成为普法的重要参与者

首先，东城街道一直把大学生作为重要的普法对象，持续推进了法律进校园活动。比如2019年4月11日，东城司法分局在东莞理工学院开展"国家安全进校园"活动，现场开展了《国家安全法》知识竞答。活动吸引了近百名法学专业学生参与，现场派发普法资料和普法小礼品三百多份。2019年东城司法分局在东莞理工学院举行读书会、研讨会、宪法演讲、宪法课件、短视频大赛、法律辩论赛等多项活动推动法律进大学校园。

其次，东城街道也通过与东莞理工学院的共建协议，充分利用法科学生资源服务于东城街道的普法工作。组织普法志愿队深入社区、深入校园，2019年5月16日下午，东莞市司法局东城分局联合同沙社区居委会来到东莞市粤华学校开展宪法教育大课堂活动。此次宪法大课堂由东莞理工学院法律与社会工作学院的法律宣传志愿服务队讲师主讲。

最后，通过比赛遴选优秀学生参与普法。东城司法分局在东莞理工学院法律与社会工作学院面向学生举行了法律课件比赛。目的是通过评选优秀课件，建立普法课件库，打造一套涵盖群众日常生活各方面法律需求的普法课件包，进一步利用课件普法，将公众最急需了解的法律知识、支持信息以及自助解决一般法律问题的必要技能传授出去。此次获奖的两位同学分别于2019年12月7日上午在东莞市司法局东城分局会议室为东城普法志愿者们举办了一场以"家庭暴力与自我保护"为主题的"反家庭暴力"普法讲座和2019年12月9日在东城街道"阳光雨"党群服务中心（同沙彩怡广场）举办了一场以"如何做一名精明的消费者"为主题的普法讲座。让大学生既是普法对象也是普法参与者的角色定位是东城普法实践的又一亮点。

三、关爱弱者，普法先行

近年来，东城街道尤其重视对弱势群体的法治宣传教育，组织他们学习保护妇女儿童、老年人、残疾人以及劳动者等弱势群体权益的法律法规，着力解决群众关心的涉法问题。着眼于引导群众树立权利义务意识，把维护合法权益与遵守法律相统一，为建设安定、祥和、幸福的东城创造良好的社会氛围。

（一）注重对外来务工群体的法律援助宣传教育

第一，在每年的"五一"劳动节，东城司法分局都会联合街道总工会、妇联、团委、计生办等多个部门进行联合活动，一方面向职工派发《劳动法》《法律援助条例》等普法宣传资料；另一方面还为职工解答日常生活与工作中遇到的法律疑问。通过与职工面对面的交谈，不仅让在场的职工加深对法律法规的认识，更加让他们清楚自己的权利与义务，指引职工在遇到困难时学会用法律手段保护自身的合法权益。

第二，积极开展"关爱青年务工人员"主题宣传活动。为提升青年务工人员的法律意识和安全防范意识，通过派发《人民调解法》《法律援助条例》等宣传资料，并由工作人员现场为务工人员讲解有关法律援助等法律知识，解答务工人员提出的相关法律疑问。

（二）注重面向残疾人的法治宣传

第一，在每年的"残疾人预防日"，东城司法分局都会开展法治宣传活动。2019 年 8 月 23 日，东城街道在黄旗山城市公园（虎英侧门）举行了全国第三个"残疾人预防日"

宣传活动，活动主题为"残疾预防，从生命源头做起"。东城司法分局在活动现场设置法治宣传摊位，开展法治宣传及提供法律援助服务。活动中，东城司法分局工作人员向过往群众发放法治宣传资料、介绍法律知识、解答法律咨询。此次活动提供法律咨询 13 人次，发放宣传资料三百余份，进一步扩大了法律援助在残疾人中的影响力，增强了残疾人学法、守法、用法和依法维权意识，营造扶残助残的良好氛围。

第二，开展"法援惠民生，关爱残疾人，力助农民工"法援宣传活动。为深入贯彻落实习近平新时代中国特色社会主义思想和党的十九大精神，推进覆盖城乡居民的公共法律服务体系建设，进一步加大残疾人法律援助工作力度，2019年司法局东城分局在东莞市司法局的指导下，联合东城街道法学会、东城残联、东城妇联、东城人力资源分局等相关部门在东城街道虎英公园举行主题为"法援惠民生，关爱残疾人，力助农民工"大型法援宣传活动。活动现场由宣传展示区和游戏互动区以及法律咨询区组成。通过宣传展示，让群众可以深入学习《广东省法律援助条例》《残疾人保障法》及其他与群众日常生活联系紧密的法律知识。在游戏互动区，东城司法分局设有灯谜答题及法律拼图乐等小游戏，东城司法分局工作人员将相关法律知识融入灯谜及法治拼图游戏当中，吸引了广大群众前来参与，通过喜闻乐见的形式，引导参与者进一步了解法律援助，学会用法律途径维护自身合法权益。

（三）面向妇女开展维权法治宣传教育

第一，在每年的"三八"节都要举行面向妇女的法治宣传教育活动。2019 年 3 月 2 日上午 9 时，在黄旗山城市公园举办了以"汇聚巾帼力量，助力'湾区都市，品质东莞'建设"为主题的宣传活动。东城司法分局参与了此次由东城妇联主办的东城街道纪念"三八"国际妇女节 109 周年暨巾帼追梦嘉年华活动。活动现场，设有"巾帼心向党"宣传区、"巾帼建新功"展示区、"巾帼暖人心"活动区、亲子手工区和合影区等区域，供群众了解广大妇女的追梦成果，通过游戏、礼品等形式向群众普及法律，寓教于乐。

第二，向妇女宣传预防家庭暴力的法律，2019 年东城司法分局举行了专项法律咨询活动，在活动现场还设有法律服务咨询台，针对市民日常生活中遇到的法律问题进行解答。派发《宪法》《反家庭暴力法》等普法宣传资料两千余份。通过这样的活动不仅增强了广大妇女及群众对维护自身合法权益的认识，而且营造了尊重、保障妇女合法权益的良好氛围。

（四）面向消费者进行维权法治宣传

第一，在每年的"3.15"举行消费者维权宣传活动。2017 年 3 月 15 日上午，东城多部门在东城万达广场联合开展了以"网络诚信，消费无忧"为主题的消费者维权宣传活动。司法分局将活动设为三个环节：宣传单派发、咨询解答和扫二维码送礼品。志愿者积极向来往的社区居民派发宣传单，告知其扫东城普法公众号二维码有礼品派送，社区居民纷纷到摊位扫码关注，同时有部分社区居民表示对微信公众号推送的 3.15 有奖问答活动感兴趣。在活动过程中，东城司法分局共派发宣传资料千余份，接受群众咨询 10 人次。为了解参与活动者对活动的看法，在咨询结束或扫码关注东城普法后，司法社工向参与活动者询问参与的感受，大部分的参与者认为这次的活动对其普法认识有所帮助。

第二，随着网络经济的兴起和快速发展，网络消费模式已成为大多数人消费手段的新选择。由于网络消费刚刚起步，网络消费市场机制并不完善，网络消费在带给人们便利的同时，随之而来的网络消费纠纷也不断出现。为了提高广大群众的法治意识，营造良好的消费环境，针对这种情况，东城司法分局举行专题讲座，普及《消费者权益保护法》，2019年12月9日在东城街道"阳光雨"党群服务中心（同沙彩怡广场），东城司法分局邀请东莞理工学院学生以"如何做一名精明的消费者"为主题进行的普法讲座。

第四节　创新普法形式推动日常线下
普法走向立体化的智慧普法

"七五"普法规划实施以来，东城街道大胆创新普法模式，开辟法治宣传新途径，吸引公民参与，逐步形成互动式、双向式的宣传教育模式，推动日常线下普法走向立体化的智慧普法。

一、加强日常法治宣传教育

（一）加强日常普法宣传教育

以重要时间节点为契机，街道各部门针对不同群众主体需要，开展群众喜闻乐见的普法活动，包括有结合各个法治宣传日的普法主题活动，也在民工返乡前开展的以农民工工资支付为主题的法律援助宣传活动，亦有深入校园开展的宪法宣传、校园安全知识宣传等符合学生群体需要的宣传活动及可以提升街道领导干部社会主义法治理念，提高依法执政、依法行政和依法管理能力和水平的领导干部学法讲座。与此同时还借助社区法律顾问的力量，开展贴近群众生活，符合群众需要的巡回法治讲座，深入贯彻落实党的十九大"建设社会主义法治文化，提高全民族法治素养"的文件精神。

（二）突出以各种"纪念日"和主题"宣传月"为重点的集中法治宣传

每年东城司法分局都要围绕东城中心工作，结合党和国家重大工作任务的时间节点，整合各方资源，因地制宜，精心部署开展"3.15 国际消费者权益日""6.26 国际禁毒日""12.4 全国法制宣传日"以及法治东莞宣传教育周、安全生产宣传月以及有关法律法规颁布实施日等专项普法活动，营造良好的法治氛围。2011—2015 年，东城街道共组织开展大型集中法治宣传 80 多场次，发放各种法治宣传材料 45 万多份，解答群众法律咨询 5 万多人次。

（三）建设法治文化普法阵地

每年编印《法律大家》期刊 12 期，通过以案说法方式向群众宣传热点法律法规；编印 800 本《东城区公务员学法笔记本》发至全街道机关干部及社区两委干部，使干部学法常态化、制度化、规范化；购买《社区居委会干部学法用法读本》《青少年法治教育读本》《社会保险法》《治安管理处罚法》等普法教材 5000 本，确保普法重点对象学有教材、学有氛围；组织各界人士参加"全民守法促平安"法治书法比赛，展示东城街道学法守法的精神风貌，提高全民法治意识。

（四）加强法治宣传教育阵地建设

建立必要的法治宣传教育阵地，包括领导干部学法培训基地、青少年法治宣传教育基地、企业普法工作站、禁毒教育基地等，促进重点对象法治宣传教育阵地化、规范化，并向特色化发展。充分利用互联网、手机短信、电视、报纸、广播等媒体开展法治宣传教育工作，加强公益性普法活动。利用好区政府的网络平台，开通网络咨询，定期解答群众疑难问题，通过创新网络普法内容和形式，开展人民群众喜闻乐见的网上法治宣传。

二、体验性互动式普法深受欢迎

东城司法分局结合工作实际和社会大众需求热点，采用大众易于接受的宣传教育方式进行普法宣传。围绕法治需求开展体验性、互动式普法，提升普法的吸引力和趣味性。拓宽领域、开辟更多法治宣传阵地，综合利用各类资源，扩大法治宣传教育覆盖面，主动吸引公民参与，逐步形成互动式、双向式的宣传教育模式。

（一）积极创新普法实践活动

根据群众喜欢网上冲浪的特性，定期在公众号上举办有奖问答等活动，通过线上线下相结合的方式吸引群众参加学法实践活动。根据青少年的特性深入院校开展辩论赛、法治小品比赛、读书会征文比赛等普法实践活动。"七五"普法期间，东城司法分局在法治小品展演活动中首次引入"网络现场直播"模式，推动全街道青少年学生的学法热潮，被市司法局、东莞阳光网、南方网等媒体广泛报道。另外，首创幼儿普法，到幼儿园开展"防拐防骗"剧场普法和动漫涂鸦活动，把普法的触角延伸至学龄前儿童，获得园方及家长的好评，这些创新方式让街道校园普法工作取得了新的突破。

（二）深化"以案释法"板块

以案例讲述生活中的法律知识，广受群众喜爱，同时融入"工作动态"板块，展示东城司法分局的普法工作，与群众拉近距离：一是东城司法分局每年编印《法律大家》期刊12期，并将其印制成"口袋书"进行发放，通过以案说法方式向群众宣传热点法律法规；二是"东城普法"微信公众号设置"以案释法"专栏，定期更新时事热点案例，用通俗的语言为群众进行深入解读；三是开辟法治宣传橱窗，在街道23个社区、2个林场，以及人流密集的公园、车站、工业园等公共场所，建立大型法治宣传栏就法律知识及相关案例进行张贴宣传；四是与公安机关、法庭等相关部门联合举行"以案说法""模拟法庭"活动，生动地向群众传递法律知识。

互联网时代，每个人都身处"围观时代"，每个人转瞬间都可能成为公众人物，而一旦某个带有公众关注焦点符号的案件引发争议的话，将很快产生"眼球效应"，舆论会以超乎想象的速度和声势将其聚集为一个舆情事件。在这种情况下，普法主体与普法对象不是截然区分的，而是相互结合的。如果善加引导，形成"自觉觉他"的实效性普法模式，利用新媒体将信息投放方式由集中式变为移动化，做到"一事一例一讲"，普法将更加生动化、趣味化，并呈现出爆发式传播的威力。

（三）趣味普法寓教于乐

东城街道在举行面对青少年、社区居民的法治宣传教育中，经常穿插游戏环节，不断增强法律宣传的参与性和互动性，寓教于乐，营造浓厚的法治氛围，让法律走近群众、走进日常生活。2019 年六一儿童节，东城司法分局联合东城"阳光雨"党群服务中心开展了一场小饼干 DIY 趣味普法活动，让孩子亲自动手制作属于自己的饼干，并在活动中普及食品安全相关法律常识。活动开始前，工作人员讲解本次活动的意义。在食品添加剂泛滥成灾、食品安全备受关注的今天，希望通过此次活动能让孩子们认识到食品安全的重要，了解食品安全知识，享受自己动手制作的喜悦，提升孩子的动手能力及手工创意，培养孩子自信心，增进亲子之间的情感交流。随后，小朋友们在专业烘焙老师的指导下，了解饼干的类型、使用工具，操作并完成了饼干的面团、成形、烘烤及装饰等制作过程。在活动的互动环节，大家学习了食品安全及相关法律知识，积极竞答赢取了丰富的礼品。大家纷纷表示，此次活动不仅大饱口福，亲自体验了一把甜点制作的乐趣，还学习到法律知识，收获满满。此外东城司法分局还经常在普法活动中穿插有奖问答，坚持基层普法工作要接地气、入人心，促进法治和群众文化生活有机结合，让法律走进群众心里。

（四）举办模拟法庭让学生"开庭"学法

为吸引学生参与法治宣传教育，提升校园法治教育的效果，加强学生的法治意识，东城司法分局还精心策划了校园模拟法院。2018年东城司法分局把预防校园欺凌事件的发生，营造和谐的校园氛围作为"校园法苑"建设重要内容。2018年4月13日下午，东城司法分局联合东莞市第一人民法院东城法庭、东莞市东城朝晖学校、东莞市大众社会工作服务中心反校园欺凌项目组，在东莞朝晖学校阶梯教室开展了一场别开生面的模拟法庭活动。东莞市东城法律服务所所长刘庭光、东莞市第一人民法院东城法庭副庭长邹国雄以及朝晖学校中学部政教主任唐鹏、反校园欺凌项目组社工出席了此次活动，朝晖学校近200名学生到场观摩了此次模拟法庭活动。在活动筹备阶段经现场选角，最终选出了13名学生参与到模拟法庭的角色扮演中来。东城司法分局工作人员在彩排阶段就庭前准备、开庭审理、法庭调查、法庭辩论、法庭宣判等严谨的专业程序进行了安排、指导，以确保活动的顺利开展。身着法袍的小法官们端坐在审判席上，敲击法槌，亲身体验法庭的庄重和威严。庭审现场，法官调查条理清晰、紧凑细致，诉辩双方辩论激烈，在综合各方陈述后，小法官一"槌"定音，当庭作出判决，并对被告进行了法庭教育。庭审结束后的点评环节，邹国雄副庭长从案件的选材、庭审的流程、参演学生的表现等方面对活动进行了点评，对现场学生提出的疑问也一一进行了回答。刘庭光所长在活动后对校方法治建设的支持态度及学生们的表现给予了肯定，强调了现阶段校园欺凌的危害性和严重性。参与活动的学生说，这是他们第一次旁听庭审，虽然是模拟法庭，但是仍然感受到了法律的威严与公平、公正，对庭审的过程也有了一些了解，希望能更多地参与到这样的活动中来。

(五) 举办大学生法治辩论赛

每年的法治辩论赛都是结合东城普法需求确定主题，采取辩论赛+小品或其他形式，以紧张生动的方式进行法治宣传。辩论赛的主角是东莞理工学院的学生，老师是点评嘉宾。辩论赛由东城街道法学会、东城司法分局主办，东莞理工学院承办。参赛的辩论队伍来自东莞理工学院法律与社会工作学院，现场观赛的人员有：东城街道法学会会员、东城街道"谁执法谁普法"及街道普法联席会议成员单位主要负责人及工作人员、各社区专职纪检员、社区公共法律服务工作站负责人、联络员共约 200 人。学生收获满满，也给作为观众的公务人员上了一堂非常深刻的法治课。2017 年辩论赛的正反双方分别为理工学院的公共管理系代表队和法学代表队，双方针对"舆情是否有利于司法公正"的辩题进行了激烈的争辩，采用了快播案、聊城案等社会关注热点来进行佐证，使得全场"火药味"十足，尤其在自由辩论环节，辩手们针锋相对，妙语连珠，多次引发现场观众雷鸣般的掌声。2018 年在引人深思的小品《贿赂》演出后，东城街道法治辩论赛正式开始。双方就"严刑重典还是教育预防更能遏制腐败"展开辩论。双方选手在立论陈词的环节中思路清晰，引经据典，字字珠玑，使现场气氛迅速升温。辩论结束后，在评委离场评议的时间里，会场同步播放习近平报道集之《法治的力量》以及分局制作的微视频《宪法修改》。评委代表郑玉敏教授对本次辩论赛进行点评，表达了"抑制腐败不仅要做到不想腐和不敢腐，更要做到不能腐"的观点。东城司法分局校园举办普法宣传教育，形式有趣新颖，吸引了众多学生前来参加。同时就热点问题开展了普法宣传，得到广大参与者的认可，既提高了参与者的法治意识，增进了法学知识，同时对引导公众尊法学法守法用法，推动全面法治有很大的促进作用。

（六）举办大学生法律读书会

东城司法分局经常走进大学校园与大学生一起举办法律读书会，选择经典法学相关书籍进行分享，针对当前热点法律问题进行探讨交流。目的是通过读书会达到学生法律思维的普及和深化。承办方负责提供 PPT、照片、视频和报道资料。2017 年 11 月 10 日，由东莞理工学院汪辉勇教授带领大家一同深入阅读学习中华智慧集萃丛书——《官箴要语》，汪教授结合书中内容及自身的经历与生活实际，向大家讲解了诚实守信、贵而不骄、守法自律等优秀品德的重要性，汪教授语言风趣，在现场营造了良好的学习氛围。在汪教授讲解过后，参会人员都积极地分享了自身对于《官箴要语》的心得体会，通过互动，思想得到广泛交流。读书会活动给大家提供了一个学习交流的平台。2019 年 5 月 24 日，东城司法分局、法学会与东莞理工学院法社学院 18 级法学卓越班联合举办了一场"学法以明道，用法以立身"为主题的王宠惠法学读书会。本次分享会，从各选手的读书分享内容、形象风度、语言表达、问答环节以及 PPT 制作方面进行评比。分享过程中，各选手以演讲为主，PPT 播放为辅，从作者简介、情节概述、背景分析等方面分享了个人感悟。此次活动的顺利开展，对同学们培养良好的阅读兴趣、养成优秀的阅读习惯产生了深远的影响。同学们对不同类型书籍的分享，也为我们敞开了价值审视的另一扇门。通过研讨会，学生们方向目标更加明确清晰，对自己的未来定位更加准确，认识到法律人才应积极参与政府开展的有关法律的实践活动，贴近基层群众生活，了解各阶层对法律的诉求，并朝着相应方向发展。除了不断提升自己的专业水平外，还要拓展其他有关领域的知识面，关注政府政策和社会需求，成长为新型复合人才。

（七）根据大学生的特点和需求举办富有特色的法治教育活动

东城司法分局每年还根据普法重点，结合大学生特点与需求在东莞理工学院举办富有特色的法治教育活动，吸引学生积极参与，效果很好：

1. 法律演讲比赛

法律演讲比赛是很适合大学生的一项法治教育活动，不仅可以学习法律，培养法律思维，还可以锻炼学生的表达能力。2019年12月4日晚，东城司法分局和法社学院在东莞理工学院莞城校区学术报告厅举行了"学宪法，讲宪法"演讲比赛的决赛。学生们以饱满的激情，讲述了自己与《宪法》之间的故事，表达了对《宪法》的崇敬之情，赢得了台下观众的热烈掌声。

2. 法律课件比赛

东城司法分局在法学学生中举办普法课件大赛，旨在通过集思广益，探索符合普通大众需求，更接地气的课件内容和形式，通过评选优秀课件，建立普法课件库，打造一套涵盖群众日常生活各方面法律需求的普法课件包，进一步利用课件加强普法，将公众最急需了解的法律知识、支持信息以及自助解决一般法律问题的必要技能传授出去。2019年11月29日晚，东城司法分局和法社学院在东莞理工学院莞城校区模拟法庭举行宪法宣传微视频暨普法课件大赛决赛。首先进行的是宪法宣传微视频比赛，选手们一个个精彩的视频使我们走近《宪法》、了解《宪法》、熟悉《宪法》。随后进行比赛的第二个环节是普法课件展演，三位同学为我们讲解了与未成年人和家庭暴力等有关的法律知识，他们自信沉着，给台下的评委和同学们留下了深刻的印象。举办方的目的不仅仅是为了开展一次普法宣传活动，更希望以一次活动作为切入点，带动更多人参与到普法宣传工作中。

3. 法治专栏展示

2019年5月，东莞理工学院法律与社会工作学院联合东城司法分局、东城街道法学会举办了一期"法学专栏展示会"。本期活动面向法社学院全体学生。参加者以法律专业知识为主要内容制作专栏海报，针对具体法律问题进行分析和说明。本期活动共有27位同学提交了法学专栏海报，并在东莞理工学院莞城校区四号楼大厅进行了为期两周的展示。海报内容主要包括"契约是当事人间的法律""法律不保护权力上的睡眠者""正义从来不会缺席"和"法律是显露的道德，道德是隐藏的法律"四个方面的主题，针对大家普遍比较关注的离婚财产分割、退休人员继续工作的法律关系、外卖平台的个人信息泄露问题、微商交易中的法律问题、买卖合同中的登记制度、商家的"最终解释权"、共享单车的合同问题、夫妻同居权、安乐死法律问题、合同的扩增、同人作品的著作权问题、《电子商务法》的实施和《刑事诉讼法》的修订等诸多问题展开分析和展示。活动受到很多老师和同学的关注，许多人通过留言参与探讨。有同学留言表示，希望能够更多地举办此类活动，让非法学专业的同学也有机会和途径更多地了解一些生活中常见的法律知识，有助于在遇到问题时通过法律的思维和方式解决。

三、积极推进立体化智慧普法

东城街道围绕提高普法工作的针对性和实效性，积极推动"智慧普法 科学普法 精准普法"，加大新媒体普法产品开发，积极运用小程序、小游戏开展普法，加强法治文化作品库、以案释法案例库的建设，探索运用人工智能技术开展精准普法，推动日常线下普法走向立体化的智慧普法。

（一）开创线上法治宣传阵地

第一，创新普法方式，致力于借助互联网+宣传普法，开创了线上普法阵地。利用东城政府公众号、官网及官方微博——"博看东城"等媒体舆论平台，整合各单位和各社区（林场）的普法资源，运用典型案例、法律小常识、《法律大家》、法律法规和工作信息等网络板块传播崇尚法治、依法行政等法治理念，让广大市民及领导干部足不出户即可学到相关法律法规。

第二，通过短信平台定期向辖区内领导干部、社区两委干部、出租屋房东、企业主、学校教职工、社区居民等相关人员发送具有警示性和提示性的普法短信，为街道领导干部和广大群众提供了便捷通畅的学法途径。

（二）逐步提高公益媒体和公共场所公益广告法治内容占比

积极联系街道宣传部门，推动公益媒体和大众媒体在重要版面、重要时段制作刊播普法公益广告。在公共场所电子显示屏、服务窗口触摸屏、公交移动电视等广泛推送法治内容，鼓励和征集导向正确、内涵丰富的法治动漫、微电影、微视频、音频等新媒体普法作品。东城司法分局联动普法成员单位，以有限的经费结合无限的创意，整合资源，创新载体，依托微信平台、户外 LED 屏等，结合传统的摆摊宣传方式，创造新型普法宣传方式。此外东城司法分局紧跟社会潮流，整合街道各普法成员单位资源，探索传统普法手段与新媒体新技术融合发展形式，营造东城街道良好法治文化氛围，为创建法治东城打下坚实基础。

（三）重视微信普法

运用网络化语言对普法内容再包装易于公众接受，司法分局通过"东城普法"微信平台每周定期将最新法律法规、经典案例、法律小常识等法治快餐送进普罗大众的手机中，帮助群众利用碎片化时间学习法律知识。"东城普法"从2017 年 3 月开始运营，通过策划线上线下联动活动，活跃粉丝，提高知名度，同时"东城普法"公众号采取市场化运作方式，平台阅读量不断攀升。2018 年 2 月，"东城普法"公众号上榜官方"广东司法行政"排行榜，位居第 15 位（东莞前三甲）。

（四）借助普法短视频创新普法形式

近年来，新媒体种类层出不穷，其中又以风生水起的短视频最为引人瞩目。通过短视频形式，运用网络化的语言对普法内容再包装，进行表达方式上的变革，可以极大降低普法传播的认知门槛，让普法内容更加直观、立体、易于接受，受到网友的欢迎。在短视频平台，打破较为传统、严肃、刻板的形象，塑造为生动、活泼、接地气的形象，才能赢得流量和关注，才能让法律知识"随风潜入夜"。为了让广大群众对身边的法律常识有更清晰的了解，对与工作、学习、生活息息相关的法律法规有更深入的认知，东城司法分局积极整合"一社区一法律顾问"资源，充分发挥律师专业作用，拟拍摄时长 1~3 分钟的普法短视频，通过选取发生在群众身边的法律热点问题，运用富有趣味性的拍摄方式，由律师用简短及通俗易懂的语言进行法律解读，让群众更深入了解法律，学会用法律武器维护自身合法权益。另外，抓好微信公众号宣传平台建设。创设"普法真人秀"栏目品牌，通过选取生活小纠纷、小问题，以时长约 2 分钟的短视频，用"东莞话"演绎、宣传法律知识；每周推送"小咚释法"案例普法专栏；开展如"文明东城伴我行"等三场学法有奖竞答和集赞送"东莞通"、会员号和文艺汇演门票等多种互动型参与性活动，探索符合群众需要、通俗易懂的法律知识宣传模式。东城司法分局制作了《在路上》《宪法伴一生》《社矫人生》等普法宣传视频，通过在网络以及辖区内公众场所播放宣传，让群众可以更加生动地学习法律知识。

四、打造四个品牌创建四个支撑建立普法长效机制

东城街道近年来把打造法治文化亮点，培育本土特色普法品牌，推动法治创建作为法治文化宣传的有效载体和长效机制。注重培育具有东城特色的普法品牌，彰显东城普法特色，持续推进法治创建，为长效普法提供支撑。

（一）培育具有东城特色的普法品牌

1. 打造"东城普法"品牌，促线上线下联动普法

"东城普法"是一个以法治宣传教育为主，兼具政策传达、应急广播等功能的"一专多能"普法平台，是东城街道结合实际为本辖区普法量身打造的特色品牌。"东城普法"充分利用现代网络媒介传播速度快、覆盖面广等特点，积极创新形式载体，开通了东城司法分局门户网站和"东城普法"微信公众号平台，设置工作动态、普法简讯、以案说法、留言咨询等栏目，及时报道相关信息，宣传法律知识，营造法治氛围，以及时、便捷的方式与公众进行互动交流，为广大群众提供学法、用法的互动渠道，达到了很好的宣传效果。

2. 打造"东城-理工"地校合作普法品牌

从 2017 年开始，东城司法分局连续三年与东莞理工学院法律与社会工作学院签订合作协议，双方密切合作，开展丰富多彩的普法活动：一是互利合作共赢，由司法局提供活动经费，法社学院提供教师和学生等普法资源。法社学院有法学、行政管理、社会工作教师 45 名，其中绝大多数具有高级职称和博士学位，同时 800 名在校生中 500 名为法学专业学

生。得益于东城街道普法经费保障，东城司法分局积极谋求纵深推进普法工作，因为法社学院的办学地点在东城城区，距离东城较近，东城司法分局领导主动表达与法社学院合作的意愿。同时法社学院也在积极寻找合作方和建设实习基地，为教师提供实践机会，为学生寻求实习场地。双方领导不谋而合，积极推进合作。二是建立长效工作机制。双方有专人负责项目推进，东城方面有主管副书记负责推进，法学会、政法办法律服务所、司法局参加，司法局具体负责，居村法律顾问积极参与；法社学院由院长负责推进，法律系具体负责，所有教师和学生积极参与，同时每个项目都有专人负责。三是针对每年的普法需求，双方共同设计普法活动形式，每年司法局领导和法社学院领导、教师都一起反复磋商本年度的普法内容、普法重点、普法形式和活动安排。一般包括法治宣传、法治能力提升（讲座及研讨会）、深化法治研究等板块，活动形式包括辩论赛、宣传微视频大赛、新生入学宪法宣誓讲座、研讨会等。从 2017 年到 2019 年，双方就通过普法宣传全面推进基层民主法治建设工作，争创基层民主法治建设示范区，形成了有特色的可复制推广的地校联动普法机制和地校合作品牌。

3. 创建"法治小区"特色法治文化品牌

东城街道投资 25 万元，推动中信东泰花园样板小区创建"法治小区"，通过强化法律服务"七个一"建设，包括设立一个公共法律服务工作站、聘任一名公益法律顾问、建立一家物业小区调解委员会、设立一批法治宣传栏、建立一个法律图书角、组建一支小区法律服务志愿队伍、设定一个"法律服务日"等措施，在中信东泰花园创建了"法治小区"，打造了街道法治文化建设的"闪光点"。

4. 持续推出东城特色普法动漫形象——"甬小咚"

创建东城法治文化动漫品牌形象，借助动漫独特印象效应举办一场大众征集活动，让更多市民关注东城的普法工作，引导市民学法、懂法、守法和用法。引入手绘公益宣传片，编印、制作具有"甬小咚"形象的宣传用品、展板、法条、布娃、雨伞和便民卡等，提升普法宣传的趣味性和吸引度，营造东城普法"正义、正直、服务群众"的形象。2016年至今，东城司法分局结合国内法治热点、东城本土文化，融入东城普法形象"甬小咚"，共拍摄了普法视频19条，其中包括东城普法"真人秀"14条，普法动画2条——《东城咚语》《宪法伴一身》，以及公益广告3条——《社矫人生》《在路上》《法援公益广告》。其中代表作《宪法伴一生》，以东城司法分局特有普法吉祥物"甬小咚"为讲解员，以东城特有的榕花塔、黄旗山、进士牌等文化景点卡通画作为背景点缀，通过夸张、通俗的手法，介绍《宪法》与群众的联系，获得群众共鸣，达到良好的宣传效果。

（二）法治创建为长效普法提供支撑

1. 开展民主法治社区创建工作

成立专项工作督导小组，通过开展动员会、实地走访督导等方式，督导社区开展民主法治社区创建工作。东城街道出台《东城街道"民主法治社区"创建活动方案》将23个社区分两阶段（分别于2017年、2018年）完成市级、省级"民主法治社区"创建工作。已有14个社区先后通过了东莞市、广东省两级民主法治社区创建工作检查，达到省市两级创建标准，完成 60% 以上社区达到省级法治标准的创建目标，其中东泰社区创建成果突出，被评为全国民主法治社区。接下来，余屋、周屋、柏洲边、峡口、鳌峙塘、梨川、同沙、光明、牛山第二批参与创建的 9 个社区也将按照创建标准，落实专人负责，高质量完成创建工作，确保 2018 年内实现街道社区 100% 通过省市考核的目标任务。

2. 全面建设"校园法苑"，让青少年与法共成长

基于前期东城中心小学"校园法苑"模范试点的创建经验，现东城街道 32 所中小学皆顺利建成"校园法苑"试点，全部完成硬件设施建设和宣传资料配备，并配有专项负责人员，确保法治教育宣传工作在青少年阶段开花结果。同时结合聘任率达 100% 的法治副校长制度，以"校园法苑"建设为抓手，由法治副校长牵头，举办"认识故意伤害"系列普法主题教育班会、"法律我先行"普法手抄报大赛和法律题材演讲比赛等活动，增强了青少年法治文化普法阵地活动的趣味性。此外，为进一步推进依法治校工作，加强法治宣传教育，东城街道 26 所中小学校聘请了常年法律顾问，促进学校内部管理和治理能力现代化，提高依法治校水平。综上，通过多种形式生动开展法治教育活动，实现全街道青少年学生法治教育常态化、课堂化开展，为青少年的健康成长创造和谐的法治环境。

3. 开展法治企业创建工作

选取街道辖区内具有代表性的企业开展法治企业创建活动，打造法治企业、阳光企业、责任企业。为进一步提高企

业及其工作人员的法治理念，根据中共东城街道委员会《关于深入推进基层法治创建活动实施方案》《东城街道依法治企示范企业创建活动实施方案》的要求，在街道辖区内 500人以上的企业中挑选出生益电子股份有限公司、东莞东城美尔敦塑胶电子厂以及东莞新奥燃气有限公司等三家较有影响力的企业作为创建试点，投入建设资金 45 万余元，创建广东省"法治文化"示范企业，并将成功经验逐步推广至街道500 人以上的企业。根据《2017 年广东省"法治文化建设示范企业"评选结果的通报》宣布的评选结果，东城街道参评的生益电子股份有限公司、东莞东城美尔敦塑胶电子厂、东莞新奥燃气有限公司均成功获评广东省"法治文化建设示范企业"。能获此成果，是对东城司法分局法治企业创建工作的重要肯定。东城司法分局主要从以下几个方面深入推进企业法治建设：　是完善企业配置，推进依法治企规范化。东城司法分局大力协助企业建立法治文化工作机构和制度、设立企业人民调解和劳动争议调解组织、建立由企业副总或工会主席为负责人的普法志愿者队伍，并设立固定的企业普法宣传栏、企业法律图书角，设立"12348""12351""12333"等热线宣传指引，多方面、多形式完善企业配置，提高企业的法治意识和法治能力。帮助企业建立健全经营管理人员法律学习制度，并有效贯彻到议事、决策、管理、自律和领导工作中去。二是抓好重点法律法规的学习，并根据企业需要开展讲座，督促、指导企业全员学习《宪法》、市场经济法律法规以及与企业和谐发展、稳定发展、诚信建设密切相关的法律法规，引导企业开展"守合同、重信用"活动，提高企业诚实守信意识、职工维权意识。三是以企业工会先锋号为载体，依托企业律师顾问、法务团队等资源，组建企业法律服务团、工会律师团，并鼓励"一村（社区）一法律顾问"积极为企业提供便捷有效的法律服务。四是提高员工参与企业法治文化建设的积极性，新员工上岗前接受厂规、厂纪和法治教育等培训，对学法用法优异员工进行考核奖励，并建设"法治文化饭堂"，发掘员工才艺技能，组织鼓励员工参与法治书画比赛，将优秀作品上墙展览。

4. 开展法治主题公园创建工作

选取街道人流较为密集的公园进行法治宣传建设，让人民群众可以在休闲娱乐的过程中感悟法治精神的魅力。东城选取辖区内外来务工人员聚集较多的榴花公园及人流较多的东城体育公园，分别将其打造为具有东城特色的法治公园，在公园原有的自然风景及人文景观上，增添法治名言警句、法治雕塑及法治宣传栏等法治元素，并融入社会主义核心价值观，营造良好的法治氛围，让群众可以在休闲散步中感悟法治文化的魅力。以榴花公园法治教育区域为例，该区域有"法典普及区""法治长廊""法治人物区""宪法普及区""喻法创设区""法治天地区""部门法宣传区""法治互动区""妇女儿童权益宣传区"九个板块。"法典普及区""法治人物区""法治天地区"采用各类雕塑装饰等艺术手法，以群众喜闻乐见的形式展现法治文化知识。"法治长廊"书写了多名国内外名人的法治名言，长廊依水而建，方便群众在休闲纳凉的同时潜移默化地接受法治文化的熏陶。在"宪法普及区"中，以树的形象阐述宪法至上，宪法是国家的根本大法的法治概念，造型生动活泼，富有趣味性，为人们刻画了一幅美丽的宪法风景线。"喻法创设区"通过展览"灋""獬豸""天平"等古代文字及物件，彰显古人对法的尊重，从侧面展现中国法治的源远流长。"部门法宣传区"则将《劳动法》等贴近群众日常工作生活的相关法律制作成知识展板，放在道路两旁进行重点宣传。"法治互动区"则通过法治名词释义互动法治跳棋、法治猜谜转盘等让人们在体验游戏的同时感受法治文化的熏陶。"妇女儿童权益宣传区"则建立在公园的游乐场所中，并以生动活泼的宣传造型为媒介对妇女儿童权益的相关法律知识进行介绍，寓教于乐，让群众更好地学习相关知识。如今的榴花公园，是一个集休闲与丰富的文化内涵，游乐与爱国主义、法治教育于一体的法治文化主题公园，是东城街道便民法律服务活动的开放场所和居民娱乐休闲的好去处。再介绍一下东城体育公园，该公园位于东城街道新源路、莞长路、鸿福东路交汇处，体育设施一应俱全，主题广场、人文雕塑、景观墙穿插其中，是一个具有健身、运动、娱乐休闲等综合性功能的生态休闲体育公园。近年来，为推动东城街道法治文化建设再上新台阶，着力打造法治文化建设精品，营造浓厚的法治文化氛围，东城街道利用体育公园的资源优势，在不改变原有公园景观和功能的基础上，增添法治长廊、法治名言警句、法治雕塑、法治宣传栏等法治文化设施，让群众在休闲娱乐的同时，近距离地领略法治文化、感受法治精神，使他们在潜移默化中接受法治文化的熏陶，培养良好的法治意识，营造公民学法、懂法、守法、用法的浓厚氛围及良好的社会法治环境。公园内的法治文化设施包括：①法治长廊，以法典书籍为造型，介绍中国历代法治人物及从古到今的法典；②法治名言警句，以古代竹简的造型，介绍法治古典名言，展现我国法文化的源远流长，丰富民众对法律的了解认识；③各类法治雕塑，如富有历史感的"法"字抽象造型，宪法书造型、法治石碑、法治宣传台等，营造公园浓厚的法治文化氛围；④法治宣传墙和宣传栏，阐释法治的含义和依法治国的理念，通过定期更换宣传内容，向人民群众普及各类法律知识。

习近平总书记有一段十分精辟的讲话，他说："之前，我们通常提的是学法尊法守法用法……我反复考虑，觉得应该把尊法放在第一位……只有内心尊崇法治，才能行为遵守法律。只有铭刻在人们心中的法治，才是真正牢不可破的法治。"从"把法律交给人民"到"让人民信仰法律"，推动普法成为一项受人尊敬的公益事业。普法的根本目的不在于普及法律知识，而在于培育公民法律信仰和法治素养，必须通过广泛、持久、深入的法治宣传教育，引导人民群众在掌握必要的法律知识的同时，树立法治信仰，增强法治意识，使法治成为人们的思维方式、工作方式和生活习惯，让"看得见"的法治形式内化为根植于内心的法治信仰，让全面依法治国成为全党全国各族人民的自觉信念和自觉实践。东城街道通过推动全民普法纵深开展，打造了一批民主法治示范村，全街道形成了依法治理体系明显完善、依法行政水平明显提高、司法及执法明显规范、依法治理工作明显有效、全民法治意识明显提升的良好局面。

第四章 | 东莞以信息化提升基层社会治理能力的探索与实践

引 言

社会治理智能化，就是在网络化和网络平台基础上，运用大数据、云计算、物联网等信息技术，使我们的社会治理能够实现更加精准分析、精准服务、精准治理、精准监督、精准反馈的目标。基层相关政府部门是社会治理的主导力量，提高其数字化服务水平是提高社会治理智能化水平的重要举措之一。

东莞各镇街近年来在基层社会治理智能化方面进行了很多的探索：一是推进智慧城市，整合共享政务数据。全面整合条块分割的政务数据资源，突破政务数据的区域、部门和层级限制，建成对内一体化政务信息系统和对外一体化信息资源共享平台，提升政务数据信息的整合覆盖、分级管理、统筹利用和互认共享水平。二是智慧治理促进基层社会和谐。经贸、外经、公安、劳动、社保、水电等单位信息共享，通过统一的系统平台自动分析评定企业的风险级别，随后在电子地图上发出预警信息及处置指引。石龙镇借助信息系统，有效预警和防范企业欠薪倒闭逃匿。石龙镇推行劳动关系风险预警系统两年多来，因劳资纠纷引起的突发事件减少了80%，劳动关系矛盾调处方式由"救火型"向"防火型"转变。大朗镇通过"大朗政务网"，在全市率先搭建起"书记镇长信箱""便民问答""信息公开"和"市民讲场"等网络问政栏目，化解了大量网上信访问题。三是强化"互联网+全民创安"群防群治的智网工程，运用先进信息化手段全面提高治安防控管控水平。沙田镇和厚街镇按照打造"互联网+全民创安"群防群治智网工程的要求，打造群防群治的防控网络升级版；坚持以信息化、现代化技术为指导，提高治安防控能力；全面整合资源建立一个"互联网+全民创安"云服务平台，整合辅警、网格化综管员、环卫工、保安员、志愿者五支队伍，通过应用"互联网+全民创安"平台，及时发现警情，报告警情，处理警情，全力提升全民创建平安的参与度，构建"党政领导、部门联动、政法主力、全民参与"的格局，努力提高社会治理水平和维护治安大局稳定能力。

第一节　智慧城市建设促社会发展

智慧城市是当今世界城市发展的新理念和新实践，是以物联网、云计算等为代表的新一代信息技术应用与现代城市发展需求相结合的必然产物。通过新一代信息技术在城市发展运行中的深度渗透和广泛普及，将有效缓解城市发展所伴随的产业优化、环境污染、交通拥堵、城市安全等多维度问题，全面增强城市自然资源、生态环境、基础设施、公共服务对经济社会活动的综合承载力，代表了现代城市发展的高端形态。

经过改革开放四十多年的开发建设，东城已基本实现城市化，但距离实现全面的现代化城市中心区的目标还有一定差距。为顺应新一轮科技革命浪潮和世界先进城市智慧发展的新趋势，高起点谋划智慧东城建设，培育东城参与区域、国际竞争的新优势，加快推进东城经济社会双转型，进一步完善城市功能、优化产业结构，提升城市环境品质和承载能力，全力打造现代化建设先行区和高质量发展引领区。根据住房和城乡建设部办公厅《关于开展国家智慧城市试点工作的通知》（建办科〔2012〕42 号）的精神，2013 年 8 月，东城街道成功申报国家住建部第二批智慧城市试点，与国家住建部、广东省住建厅签署了《国家智慧城市创建任务书》，开始进行智慧城市创建。自创建国家智慧城市以来，东城街道坚持以"产城融合"发展为主线，以建设"幸福东城"为主题，积极构建"一个中心、二个平台、三个支撑、四个保障"的智慧城市创建体系，并在这个体系统揽下，努力将东城打造成"产城整合、宜居新城"先行示范区。

为贯彻落实《关于组织开展新型智慧城市评价工作务实推动新型智慧城市健康快速发展的通知》（发改办高技〔2016〕2476 号）、《关于印发促进智慧城市健康发展的指导意见的通知》(发改办高技〔2014〕1770号)、广东省人民政府办公厅《关于加快发展物联网建设智慧广东的实施意见》(粤府办〔2010〕66号)、《东莞市发展物联网建设智慧东莞规划(2013—2015)》等文件精神,东城在《国家智慧城市创建任务书》和《新型智慧城市评价指标(2016年)》的指引下,积极打造具备东城特色的智慧城市建设体系,探索建设智慧东城的新定位、新技术、新方法、新模式,统筹智慧城市建设成果,先后完成了智慧城市智能中心、网格化治理体系、智慧安防等重点项目建设,智慧东城雏形初步形成。

一、智慧城市建设主要措施

(一)完善组织架构,出台政策保障

2013年5月,成立东城创建国家智慧城市试点工作领导小组,负责东城智慧城市创建各项协调工作;2014年10月,成立智慧城市创建办公室,统筹街道智慧城市建设,负责全街道智慧城市建设成果的归集、共享、分发、推广和管理责任。2014—2016年相继出台《东城街道智慧城市专项资金管理办法》《东莞市东城关于加快建设智慧东城的实施意见》等政策文件,明确各部门工作任务及职责,提供智慧城市建设资金保障。

(二)编制顶层设计,引入智力支持

为更好地规划指导东城街道智慧城市建设工作,东城街道委托南京师范大学牵头组织专家团队编制《智慧东城建设总体设计方案》(以下简称"顶层设计"),编制完成的顶层设计成为街道智慧城市建设方向的总指导。

为及时掌握智慧城市建设新动态和新趋势，引入新的城市管理和运行管理模式和经验，创新开展智慧城市试点的探索和实践，东城街道先后引进浙江中城智慧城市规划咨询有限公司及华南师范大学赵淦森教授团队作为东城街道的信息化技术顾问，为东城的智慧城市建设提供了有力的智力支持。

（三）构建"一二三四"智慧城市体系

东城街道以创建智慧城市为契机，充分发挥城市中心区的优势，整合各类城市资源要素，按照"一个中心、二个平台、三个支撑、四个保障"的原则构建智慧城市体系。通过东城智慧城市智能中心的运行管理，以智慧城市公共基础数据库和公共信息服务"两个平台"为载体，东城街道强化基础设施建设、智慧产业发展、智能化管理和服务应用"三个支撑"，以资金、管理、运营、人才"四个保障"为抓手，全面铺开智慧城市创建工作，取得了阶段性的工作成效。

（四）统筹推进智慧城市试点项目建设

根据东城街道与住房和城乡建设部建筑节能与科技司、省住房和城乡建设厅签订的《国家智慧城市创建任务书》，统筹推进智慧东城15个重点项目建设，主要包含五个方面：

第一，智能中心项目建设方面，包括智能中心（一期）项目、大数据平台项目、政务资源共享平台项目。

第二，城市管理项目建设方面，包括智慧城管、智慧环保、集体资产信息服务交易平台、城市排水防涝信息化管控平台。

第三，社会治理项目建设方面，包括智慧安防、食品药品安全管理系统、外来人口管理系统、智慧社区。

第四，智慧民生项目建设方面，包括智慧救助、教育现代化、智慧医疗。

第五，智慧产业项目建设方面，包括中云智慧城市产业园、东莞新基地 360 互联网产业园、东莞市跨境电商中心园区。

二、智慧城市建设主要成效

（一）打造智慧城市基础引擎

1. 初步建成智慧城市智能中心

2016 年 1 月，智能中心一期建成并投入使用，同时通过打造智慧运营平台，统筹承接东莞市政务信息资源共享平台，汇集各行业的数据信息，初步建成"大数据中心""应急指挥中心""网格管理中心"和"技术支撑中心"等功能于一体的智慧城市智能中心，打造东城"智慧大脑"，统筹调配覆盖城市各方面的智慧应用资源。其中，智能中心一期硬件基础设施主要包含了智能中心机房、网络工程、数字城管、指挥中心大屏系统等 15 项子工程，建设有 22 个座席的联合指挥大厅、160 平方米的智能中心机房、市电双回路的 UPS 室等主要硬件设施，先后为数字城管、智网工程、文明城市创建、物业管理等在指挥调度以及各业务系统部署方面提供了完善的硬件设备、运维环境、应急指挥环境和监控环境等基础要素支撑。

2. 推动建设城市智能中心大数据平台

结合城市数据体系与标准规范建设、城市大数据平台整合建库、城市大数据平台建设、城市智能中心监控与调度系统建设、城市智能中心主题应用系统开发等建设内容，形成公共基础数据库，为东城智慧城市发展奠定大数据基础。已建成人口、法人、宏观经济、空间、构筑物五大基础库及政务信息库，入库数据达 1142 万余条，其中收集人口库数据 864 247 条，法人库数据 143 429 条，宏观经济库数据 208 648 条，地理空间库数据 66 条，构筑物库数据 534 367条，政务信息库数据 9 675 666 条。

3. 搭建公共信息共享服务平台

依托东莞市政务信息资源共享平台，建立了东城分平台，将涉及东城的政务信息资源及时自动同步到东城街道，推动数据互联互通，提高公共服务效率。截至 2018 年 6 月，东城资源共享分平台现有资源目录共 915 个，数据指标 9374 项，数据总量共 6 795 002 条。其中，引用市共享平台部门数量为71 个，资源目录 771 个，数据指标 7717 项，资源总量为5 946 448 条；东城街道部门数量为 144 个，注册资源目录144 个，数据指标 1657 项，数据总量为 848 554 条。通过平台应用在街道范围内各部门（社区）政务资源共享率达到90%以上。

（二）以新治理为重点打造智慧应用体系

以"一个中心、两个平台"为基础，以大数据平台为支撑，积极推动部门各项智慧应用建设，构建城市管理、社会治理、智慧民生三大应用板块，形成覆盖城市各方面的智慧应用体系，从而提升政府管理效率以及服务群众的能力。

1. 全力推动城市管理和社会治理共同建设

通过建设智网工程、数字城管、智慧安防等平台和应用，对东城街道所有城市部件和管理事项进行普查建库实行网格化管理，把东城街道划分为 69 个城市管理网格和 159 个社会治理网格，将街道工作前移至 23 个社区，由指挥中心到社区再落实到网格，形成"1+23+69+168"的城市网格布局，并通过视频监控、数字城管、网格化巡查等方式，建立规范化应急指挥体系，有效节省了警力资源，提高了巡查效率。

（1）智网工程。东城街道社会服务管理"智网工程"综合信息平台通过"五步闭环"工作机制，自 2017 年 4 月正式上线运行以来，共采集建筑建档 149 398 条，出租屋建档 21 496 条，市场主体建档 34 388 条，人口信息 10 279 条，发现事件信息 17 414 条，已处置 12 651 条，处置率达 73%，基本实现社区（林场）问题隐患发现在基层一线、解决在基层一线。

（2）智慧城管。通过数字城管区级平台的建设，纵向上实现了与市级数字城管平台的同步运行及无缝对接，横向上实现了与智网工程的资源共享及业务协同，借助智网工程社区工作站搭建数字城管社区平台，共享硬件、场地等资源，实现两大系统的功能互补。该平台自 2016 年 4 月 25 日上线运行以来，截至 2018 年 6 月中旬，共受理、派遣案件 30 170 宗，已处置案件 25 023 宗，处置率达 82.94%，结案率达 82.97%，大大提升了东城街道对城市市政工程设施、市政公用设施、市容环境与环境秩序的监督管理效率。

（3）智慧安防。已完成公安分局一期、二期、三期的智能天网和高清卡口的建设，建成一类高清视频监控点 393 个、公交站台 94 个、高清卡口 10 个、简易卡口 60 个、高清探头数 958 个，覆盖东城辖区主要路段、重点场所、治安重点区域及进出东城主要路口，建立了智能综合防控系统。同时已基本完成社区联网，已接入分局平台的有 20 个社区，共计 767 路视频图像。同时，公安的视频监控系统已经与智能中心进行连接，实现了 1712 路视频资源的共享共用。

2. 大力推广互联网+政务服务应用

高标准建立集文化体育、卫生计生、人力资源、社会保障、食药安全、民政、人口、党务等于一体的网上办事大厅，成功打造"一站式"和"一网式"政务服务平台。同时，建成 23 个社区综合服务管理中心，完成省、市、街道、社区四级网上办事大厅互联互通，为群众推送 327 个网上办理事项，社区"一站式"行政服务实现全覆盖。

（1）搭建预约取号系统。依托"东城政务通"微信公众号，建设网上预约取号系统，并率先在房管所抵押业务、新莞人服务管理中心积分入学业务试行网上预约取号服务，为群众提供"线上预约、线下取号"的一体化办事服务。办事群众仅需"动动手指"，关注"东城政务通"微信公众号，进入预约取号系统，选择预约时间段，便可完成网上预约操作。成功预约后，群众仅需在预约时间段内到综合服务中心取号即可轻松办理相关业务。

（2）建设政务 VR 导航。综合利用 VR 技术，集中公布了综合服务中心以及社保、地税、人力资源、公安、文化中心、工商、国税等办事点以及星城等各社区的实景图，并在实景地图上叠加链接窗口承办的服务事项，为群众提供身临其境的政务服务导航服务。

（3）初步完成电子证照系统建设工作。依托东城街道政务信息资源共享平台，初步完成电子证照库建设，截至 2019 年该库共有 109 种电子证照，超过 309 万条证照信息。同时，通过将综合窗口 105 个政务服务事项的所有申办材料，与电子证照库的电子证照进行对比分析，初步梳理了 17 种可用电子证照代替的纸质申办材料。

3. 有序推动部门应用建设

为避免重复建设，采取与上级部门共建共享共用的建设思路，坚持采取上级部门应用为主，街道应用自主建设为辅的方式推动部门应用建设。

（1）智慧环保。通过东莞市环保系统污染源在线监控平台、东莞市空气质量实况和预报发布平台及东莞市环保数字管理平台，实现了重点污染排放企业在线监控覆盖率 100%。同时，通过餐饮服务业油烟在线监控平台的建设，已对街道中的 11 间中大型餐饮企业安装油烟在线监控系统，提高了对油烟排放的监管效率。

（2）智慧救助。通过东莞市城乡居民最低生活保障信息系统以及市平安铃购买服务项目，全街道困难人员信息覆盖率超过 85%，全街道实施"平安铃"项目的小区覆盖率超过 80%。

（3）教育现代化。通过全国中小学校舍信息管理系统、广东省教育信息平台、东莞市数字校园办公中心三大教育现代化管理系统，已经实现全街道 100 多所中小学幼儿园常态化使用，完成优质教育资源共享率达 90% 以上、教育信息平台覆盖率达 90% 以上的建设目标。

（4）集体资产信息服务交易平台。通过东莞市农村（社区）集体资产管理平台和东莞市东城资产交易信息化监管平台，成功交易 1379 宗，成交项目合同总金额 41.14 亿元，合同年标的额对比原合同溢价 1.47 亿元，增长率达 42.7%。

（5）城市排水防涝信息化管控平台。该平台已完成对街道内 30 个泵站建立信息采集系统，实现科学的远程泵排站水位监测、运行故障分析、自动预警发送，提升排水防涝的信息化水平，提高了洪涝灾害监测、预报预警、风险评估能力。

（6）创文大屏幕系统。创文大屏幕系统是基于全国文明城市测评体系 12 个测评项目、90 项测评内容、188 条测评标准设计和开发，利用公安分局的大量视频资源，通过对视频图像预制相关的算法，实现对监控点不文明行为的实时监测和上报，达到对"创文"工作的可视化实时跟踪的系统。已经试点接入视频图像 20 路，部署逆行、异常停车、拥堵等算法 6 项。创文大屏幕系统自 2017 年 10 月 11 日运行，截至 2018 年 6 月 12 日，共生成预警事件 11 135 个，其中逆行预警事件 2180 个、异常停车预警事件 8954 个、拥堵预警事件 1 个，成为东城街道不文明行为收集的重要渠道。

4. 推动社会参与民生应用建设

除以政府为主导的项目外，鼓励社会参与智慧城市建设，并涌现了一批优秀的项目，简述如下：

（1）菜篮宝项目。中国建设银行以东城市场为试点推动了菜篮宝项目的建设。该项目推动市民运用滴卡的方式完成结算，既方便快捷又能杜绝假钞，也可根据交易记录，迅速追踪责任商户，切实有效地保障双方的合法权益。在 2019

年，每月交易量约 3000 笔。

（2）建设智慧路灯试点项目。智慧路灯是一支集路灯照明、信息采集、信息发布、紧急求助的多功能灯杆，通过配备的户外小间距 LED 显示屏、摄像头、扬声器以及充电桩来实现 LED 路灯照明、LED 显示屏显示、通信与控制、视频监控、RFID 人/物监测、环境传感监测、电动车充电桩和紧急呼叫等不同功能，既全面提升和改善社会效益，又作为智慧城市的信息感知终端，支撑起城市物联网的全范围覆盖。东城街道在火炼树社区试点建设了 68 支智慧路灯，该项目将作为东城街道文明城市创建、物联网应用、智慧社区建设的综合试验田。

（3）健康小屋试点项目。健康小屋是一款智能化健康体检设备，拥有智能信息采集、自助建立电子健康档案、自助健康问卷调查、自助健康体检、体检功能拓展、自助打印健康报告、健康档案管理和跟踪记录、移动端信息交互等功能，同时能够和大数据平台进行数据资源的对接。健康小屋已在东城街道东泰社区和火炼树社区试点应用，已有超过 5000 人次通过健康小屋进行了自助体检。

（三）推动信息化基础设施与产业共融发展

1. 推动智慧技术核心建设

智慧城市，通信先行，充分发挥电信运营企业主体作用，紧密联系对接中国电信、移动、联通三大运营商，积极支持电信和广播电视运营企业以共建共享方式进行光纤到户改造和布设通信基站，大力推动"光网城市"工程，推进"三网融合"计划。截至 2018 年 5 月底，东城街道完成新建小区光纤入户 12 个，已建小区光纤改造 64 个，通信基站建设 268 个，完成公共服务区域 Wi-Fi 建设共 2223 个 AP 点。

2. 引进核心龙头企业

加大对高端产业企业的招引力度，积极搭建"产学研"平台，培育和引进广东晖速通信技术股份有限公司、广东建邦计算机软件股份有限公司、东莞劲胜精密组件股份有限公司、岭南园林股份有限公司、Google AdWords 东莞体验中心、奇虎 360 华南创新中心等十多个具有区域影响力的龙头骨干企业和创新创业平台，提高辖区综合竞争力。

3. 打造智慧产业核心

以中云智慧城市产业园、东莞新基地 360 互联网产业园、东莞市跨境电商中心园区三个园区作为核心园区，建设集电子信息、创意文化、生态休闲等基于数据和知识的高端产业"智慧谷"。其中，中云智慧城市产业园第一期已完成投资 2000 万元，占地 30 多亩，完成招商率超过 95%；新基地 360 互联网产业园已通过东莞市级科技企业孵化器认定，依托 360 华南创新中心的资源平台，形成以科技孵化为主导的科技"产业链式"运营格局；东莞市跨境电商中心园区初步完成"一点四仓一平台"监管服务体系的构建，为企业提供高效的公共服务和优质的商务支撑。随着三大园区相继投入运营，以三大园区为支点的东城黄旗南片区逐渐发展成为东城智慧产业集聚区，带动智慧产业集聚发展。

三、经验与启示

东城街道积极打造具备东城特色的智慧城市建设体系，

形成了自己的特色和经验。

(一) 指导原则：成立三大体系

1. 成立一体化的组织领导体系

2013 年 5 月成立以街道副书记、街道办事处主任担任组长的智慧城市试点建设工作领导小组，2014 年 10 月成立东城街道智慧城市创建办公室，2017 年 7 月调整为东城街道智慧城市建设领导小组办公室，负责统筹东城街道智慧城市建设成果的归集、共享、分发、推广和管理。

2. 成立一体化的智慧城市统筹体系

强化政府在规划引领、统筹协调、优化环境、政策扶持、应用示范、项目建设等方面的主导作用，建立有力的统筹体系，完善顶层设计，形成重点建设项目之间的协同运行。发挥市场机制在资源配置中的基础性与导向性作用，构建政府、企业、市民等社会多方参与、充满活力的发展格局。

3. 成立产城融合的智慧产业发展体系

以 ICT 新技术为驱动，着力打造城市一体化基础设施和网络建设，一体化智慧政务、智慧治理、智慧服务和智慧产业的应用与推广，缩小数字鸿沟，以东莞市跨境电商中心园区等园区为支撑，促进大众创业、万众创新的生态环境，构建产城融合的智慧产业发展体系。

(二) 主要做法：坚持五大统筹

第一，统筹基础设施。包括机房、大屏幕、网络安全、运维管理、办公环境的统筹管理。

第二，统筹城市数据。包括数据体系建设、制度规范、数据管理流程的统筹管理。

第三，统筹建设资金。包括项目投资保障、项目立项及审批、项目建设成效考评的统筹管理。

第四，统筹技术能力。包括应用体系、服务能力、培训及培养机制的统筹管理。

第五，统筹对外服务。包括应用、政策、措施的对外发布及对外合作的统筹管理。

（三）主要体会：持续四个推进

第一，坚持以智慧城市顶层设计为依据，以需求为抓手，持续推进城市大数据建设为基础支撑的智慧城市应用建设，持续打造一批重点应用、惠民应用，实现智慧城市有效的、高效的、有目标的、有序的可持续发展。

第二，坚持以城市大数据为主轴，强调治理和管控，持续推进各类数据资源接入与整合，以建设效果为导向，挖掘数据价值，通过大数据分析、挖掘、开放提升政府管理、社会治理、民生服务和产业发展的科学化水平。

第三，坚持以服务公众为中心，始终把民生服务作为出发点和落脚点，转变政府职能，持续推进政府体制改革和机制建设，推进跨部门综合性事务联动协同，打破传统工作流程，打破地域差异，以网格化为基础实现政府公共服务落地。

第四，坚持产城融合为总目标，以打造国际化交易中心、复合型创新中心、集成式金融中心、区域性旅游中心为发展战略，持续推进智慧城市五统筹建设，推进智慧城市产业建设，加强对基础设施、数据资源、建设资金、技术力量、对外服务五个方面从整个智慧东城层面统筹管理。

第二节　智慧治理促基层社会和谐

矛盾纠纷排查调处工作，需要把矛盾消弭和化解在萌芽状态，怕就怕"三难"，即"底数难掌握、化解过程难控制、查调处效能难提升"。石龙镇通过信息技术对企业主要经营情况进行综合、动态、循环监控，有针对性地对用人单位进行帮扶、督办、监管，对劳资风险有效预警、防范和应急，对维护社会稳定起到重要作用。大朗镇通过大朗政务网，在全市率先搭建起"书记镇长信箱""便民问答""信息公开"和"市民讲场"等网络问政栏目，化解了大量网上信访问题。

一、建立信息系统预警和防范企业欠薪倒闭逃匿

（一）背景

为有效地提高协同监管能力，防范企业停产倒闭、欠薪逃匿对社会稳定带来的不良影响，石龙镇从 2009 年开始建立企业欠薪逃匿风险预警和应急工作机制，研发"企业风险预警应急系统"。通过信息技术对企业主要经营情况进行综合、动态、循环监控，有针对性地对用人单位进行帮扶、督办、监管，对劳资风险有效预警、防范和应急，对维护社会稳定起到了重要作用。

为进一步提升企业风险预警应急处置效能，2016 年 1 月石龙镇对系统运行机制进行全面提升：一是提升领导力量，

由原来的分管副镇长任组长提升至分管党委副书记任组长，同时成员单位增加至 38 个。二是强化成员单位责任，明确严格的问责制度，进一步完善预警机制和突发事件处理程序。三是建设领导小组实体办公室（监控中心），有效提高办公室统筹协调、信息处置和指挥调度效能。

（二）工作机制

系统建设主要有四方面的工作机制：

1. 综合预警

统筹人力资源，组织人事、监察、政法、应急、信访、经信、商务、住建、农林水务、社会事务、宣教、总工会、公安、司法、社保、交通、环保、安监、国税、地税、工商、重点办、公用事业、供水供电以及各村社区全镇涉及劳资与企业管理的 38 个单位组成领导小组，通过突发事件及时报告、月预警工作报告、月处置工作报告的"三报告"制度，在以往对用人单位的工资监控的基础上拓展到对租金、水电费、社保费、税费、经营管理异常、法律事务、警情访情等 10 项信息综合监控。

2. 智能分级

各成员单位根据工作职责评定问题企业经营信息的级别并上报信息系统。系统汇集各部门数据，运用大数据技术自动将企业风险评定为正常、问题、风险、危险、高危五种级别。同时发出对应预警信息和处理指令，在电子地图上闪动展现问题企业，实现智能分级、可视预警。

3. 循环监控

根据工作要求，成员单位每月上报信息，系统汇总信息后下发处置指令，各单位按照职责开展工作及反馈执行情况，周而复始，实现循环监控。

4. 综合应对

对应问题、风险、危险、高危预警级别，系统自动发出部门跟进、部门到场、领导小组办公室协调、领导小组组长协调等综合处置指令。

各成员单位根据指令对用人单位进行给力帮扶、督办整改、跟踪监控等，较好地防范、化解和应对用人单位可能发生的不稳定情况，防止事态的进一步扩大。

当成员单位发现企业出现可疑的重大异常经营情况时，通过系统紧急上报，系统将通过短信提醒各部门履行职责。同时，在应急处置时，也可以利用系统追溯企业过往的经营情况信息，辅助事件综合研判和决策。

（三）应用成效

1. 有效预警，及早防范企业欠薪逃匿等风险

系统上线以来，石龙镇因劳资纠纷引起的30人以上突发事件明显下降，从2010年的22宗下降到2017年的1宗，且均能在较短时间内妥善解决，没有发生因企业欠薪倒闭逃匿而引发的重大群体事件。

2. 有效帮扶，尽力协助企业渡过经营管理难关

根据系统预警，领导小组对问题单位开展"给力企业集中行动"，2010年以来共走访235家问题企业，积极化解不稳定因素，对构建和谐的营商环境起到积极作用。石龙镇整体经济发展稳中有进，企业工商户数稳步增长。

3. 有效监管，较好推动企业守法经营和信用建设

信息共享为政府对用人单位监管提供综合性、可视化、可追溯数据，极大提高了监管服务效能，提高镇内企业用工信用。石龙镇企业每年春节后的员工返岗率逐年提高，从2010年的85.3%提高到2018年的96.8%。

4. 上级肯定，系统在全省地级市推广使用

2015年11月，系统被省人社厅在全省地级市推广。系统的应用得到国家、省、市领导的高度肯定，时任国务院副秘书长、国务院机关党组成员、国家信访局局长、党组书记舒晓琴同志，广东省委常委、省委政法委书记林少春同志，广东省副省长温国辉同志等领导以及中央十九大维稳安保工作第八督导组、省委维稳工作督查组等先后到人力资源分局调研企业风险预警应急系统及相关工作，并对这项创新的治理方式给予赞赏。2018年1月黑龙江省东宁市人社局林晓峰局长一行、2018年10月陕西省安康市人大调研组等到石龙镇开展企业风险预警应急系统调研。

（四）应用案例

以"中星服装有限公司拖欠员工工资"一事为例说明企业风险预警应急系统的作用。

1. 问题

2017年11月20日，镇企业风险预警应急系统发出预警信息，提示位于石龙镇黄州区黄家山村的中星服装有限公司存在拖欠租金等情况，评定为"风险"级别，并对企业实施了监控。2017年12月14日，中星服装有限公司部分员工到人力资源分局反映公司拖欠10月份工资，人力资源分局立即

派员到公司调处，并依法对其发出《劳动监察限期改正指令书》，责令其在 12 月 15 日前支付拖欠员工的 10 月份工资。

2. 调查

经调查，该公司以资金枯竭为由拖欠员工工资，公司法定代表人自称代持股份，并于 2017 年 12 月 18 日公告停产结业。经核实，该公司共拖欠 339 名员工全额工资 233 万元。同时，该公司还拖欠租金。

3. 高危预警提醒

根据系统预警信息等级智能分类，系统自动生成为"高危"等级。

4. 应急联动

镇企业风险预警和应急处置工作领导小组决定立即召开联席处置会议，会议由领导小组长、镇委副书记林汝辉主持，到会的镇维稳办、镇信访办、人力资源分局、公安分局、司法分局、石龙法庭等单位负责人形成一致意见：一是督促企业法人罗某筹集资金发放工资；二是要求出租房东做好垫付工资的准备；三是人力资源分局做好员工的普法工作，确保员工依法维权。

5. 处置帮扶措施

2017 年 12 月 18 日晚上 8 时，叶敏副镇长代表政府亲临企业现场与员工对话，并保证尽快解决员工工资问题。经多方努力，2017 年 12 月 22 日上午 11 时，由东莞市真富实业有限公司（厂房业主）垫付该企业全体员工工资。人力资源分局联同司法、法庭现场为员工做好工资垫付、工资债权转让、快速调解程序等法律文书工作。案件处置期间，人力资源分局为员工开展系列服务措施：①开通绿色通道为员工办理失业登记；②指派仲裁员上门协助员工填表申请劳动仲裁；③组织现场招聘活动。

6. 处理结果

339 名员工领取了全额工资 233 万元，并申请劳动仲裁追讨经济补偿金，事件得以圆满解决，员工的权益得到了保障。事后员工代表向人力资源分局赠送"情系员工，一心为民"的锦旗。

二、把握四字要诀打造高效网络问政服务

（一）背景

大朗镇是中国羊毛衫名镇、中国电子信息产业名镇，外来务工人员超过四十万人，为进一步拓宽镇委、镇政府与群众沟通的渠道，收集民意、倾听民声、集中民智、汇聚民心，早在 2007 年，大朗镇已通过大朗政务网在全市率先搭建起"书记镇长信箱""便民问答""信息公开"和"市民讲场"等网络问政栏目，多年来化解了大量网上信访问题。2010年，大朗镇将栏目整合改版为"大朗网络问政平台"，落实专人负责信件处理及回复，构建了"集中受理、分类办理、限时回复、跟踪督办、定期通报"的工作格局，成了群众反映诉求的主要渠道。

近年来，大朗镇借助智慧大朗的建设基础，把握"广、问、转、督"四字要诀，积极拓展网络问政的深度和广度，进一步打造高效网络问政服务。自大朗镇成为广东省网上信访大厅试点后，大朗镇的网络问政迈入了制度化、体系化轨

道。大朗网络问政平台已成为党委政府与网民沟通的重要平台，成为促进民生问题解决的新途径、凝聚民心民力的新载体、助推和谐宜居新大朗建设的新阵地。

（二）主要举措

1. 突出"广"字，拓宽网络问政渠道

围绕全方位的网络问政体系建设，大朗镇主动建设网上大厅、政务微博和微信等网络问政平台，创建党委政府与群众的点对点、点对面链接，拓宽网络问政渠道。

（1）建设网上信访大厅。整合部门间的行政资源，将原有的镇长信箱、便民问答统筹起来，在大朗政务网上统一设置网上信访大厅，群众通过网上信访大厅可以直接问书记镇长、问职能部门、问社区（村）。截至2017年底，累计接收来信4万多封，办结率超过98%。

（2）深入推进微博问政。在新浪、腾讯、东莞阳光网等主流平台开通了"荔香大朗"政务微博，同时号召近40个政府职能部门共同组建了一个政务微博群。网络问政以"荔香大朗"政务微博为主，一般直接回复网友的咨询，如不能直接回复的，转给问题涉及单位的政务微博，由其进行解答。对涉及尚未开通政务微博的单位，则将问题转至大朗网络问政平台。截至2017年底，大朗政务微博粉丝达100多万，解答问题累计1000多个。

（3）创新推出微信问政。在微信上开通"荔香大朗"微信公众服务平台，在东莞市首推"微信问政"功能。市民只需要向"荔香大朗"微信平台发送"问政#问政内容"，即可进行网上问政，有专人网上解答各类问题。同时，市民还可以通过微信平台获得部门机构的电话查询、办事指南等政务服务。

2. 突出"问"字，适当引导社会舆论

在推进网络问政的基础上，大朗镇继续深化政府的职能转变，改变过去"你问我答"的形式，变"网络问政"为"网络施政"，主动问政于民，鼓励群众参政议政，适当引导社会舆论。

（1）开设网上"市民讲场"。在大朗政务网开设市民讲场，鼓励群众积极参与社会管理，将群众反映的突出问题和关心的热点问题拿出来让网民讨论，广纳民言、广聚民意。截至 2019 年已成功举办 100 期，回复总数达 2 万条。

（2）实施专题网络参政议政。在大朗政务网推出"我为大朗科学发展建言献策"等系列专题，鼓励广大群众网上"灌水""拍砖"，发动群众参与网络参政议政，促进党委政府与群众双向互动式的沟通交流，更好地做到问政于民、问需于民、问计于民。例如，在推进"治摩"过程中，针对群众网上来信提出增加对原"摩的"司机技能培训和推荐就业的建议，成立大朗物业管理公司和大朗公的公司，解决了700 多名原"摩的"司机转型就业问题。

（3）建立"网络法庭"。利用社区网站论坛，建立模拟道德法庭，如长富社区网站设立了包括"热议长富""道德与法"等栏目的"网络法庭"，强化群众舆论监督，促成社区文明之风，实现"网络法庭—讨论引导—和谐社区"的良性循环。

3. 突出"转"字，打造高效处理流程

大朗镇通过构建"集中受理、分类办理、限时回复、跟踪督办、定期通报"五步闭环运转机制，打造高效运转信件处理流水线，实现服务效能稳步提升。

（1）一个平台受理。群众通过微信、手机短信、网站等不同渠道发送信件，均能统一汇集至处于政务网内的大朗网络问政处理平台，实行统一平台转交办理。信件可根据不同的办理部门，自动推送至相应部门的 OA 平台，并通过手机短信形式通知具体办理人，实现多渠道收集、内外网互通、多系统对接、一平台处理的模式，实现快速转办办理，平均日处理信件 30 多封。

（2）加强信件跟办。一是限期处理。安排专门工作人员负责每天定期查阅信件接收和流转情况，确保信件得到处理。限期信件办理，一般信件限期 3 天内处理并回复。二是培养队伍。制定了《大朗镇信访干部培养方案》《新任副股级干部到信访办挂职锻炼制度》及社区（村）"两委"干部到机关挂职制度，截至 2019 年，共有 27 名新晋副股干部及 37 名社区（村）"两委"干部到镇信访办挂职锻炼，培养出一支处理网络问政信件的专业队伍。三是加强协调。以建立 QQ群、微信群等方式，加强信访部门与各部门、社区（村）的沟通交流，推进多样化的协调模式，加强案件跟办。四是落实工作责任。制定《大朗镇信访工作责任制实施办法》，严格按照"属地管理、分级负责、谁主管、谁负责"的原则，对网络问政信件实行"单位及社区（村）一把手负总责、信访干部具体抓、其他干部分工负责，一级抓一级，一级对一级负责"的信访工作责任机制。对工作责任落实不力的社区（村）、单位实施通报批评，被通报批评的社区（村）或单位将由镇领导对其主要负责人进行约谈。

4. 突出"督"字，提高网络问政实效

大朗镇充分发挥网络问政"以虚拟倒逼现实"的作用，推行线上线下联动、内外相结合的立体式督查模式，切实加强工作监督，进一步提高工作实效。

（1）上下联动抓督办。一是镇领导亲自督。每月将信件办结情况报镇主要领导批阅，镇主要领导多次召开专题会议研究解决来信反映的问题，要求必须按时按质做好网信回复，促进大量难点热点问题的解决。二是工作人员及时督。专人跟踪督办网上信访问题，一旦发现超时未办理完毕的信件，及时对主办部门单位进行催办，保证信件的时效性和办结率。三是通过考核督。将专人跟办、按期办结网络问政案件纳入信访工作年度考核范畴。

（2）纪检介入抓督办。在网络问政平台开通统计监察功能，由镇纪检部门介入，对网络问政的受理、回复和评价实行全程监督，对群众反映不及时回应或推诿责任的现象，以亮"红黄灯"的方式进行预警监督，对超时信件进行提醒。

（3）内外结合抓督办。设立网上信访处理回复群众满意度测评，并将网络问政工作纳入"行风评议"，保证信件的有效落实及办结质量。每年底，对答复不及时、敷衍推诿、网民满意度低的部门进行通报曝光。

（三）主要成效

打开"大朗网"的页面，在正中间的位置可以看到"问政""办事服务"板块。大朗的网络问政平台发展较早，已成为网上办事服务大厅的辅助部分，市民如果不清楚办事流程，可以通过网络问政平台咨询了解。大朗网创建之初，网站页面上设有"书记镇长信箱"和"便民问答"栏目，后来整合平台形成网络问政。

图11 《南方日报》关于大朗镇"网络问政"的文章

三、经验与启示

伴随着经济社会高质量的发展，我国进入了重大历史发展机遇期，各类社会问题也表现得更加错综复杂。如何及时发现、有效应对矛盾风险，是加强和创新社会治理绕不过去的问题。只有为了人民、依靠人民、造福人民，突出人民的主体地位，才能有效预防和化解社会矛盾。而加强这方面的机制建设，突出智能化、信息化方式方法的运用，是打造社会治理新格局的关键一环。积极顺应平安建设信息化发展趋势，运用大数据思维，将矛盾纠纷排查调处工作与信息技术深度融合，大朗镇和石龙镇都进行了有益的探索。

依托信息化技术从源头化解社会矛盾、维护社会稳定是社会治理的方向和手段，社会治理是各类社会问题的综合治理，需要多部门联合联动，也需要插上信息化的翅膀。打造"共建共治共享"的社会治理格局，其内在实质上，是一种系统化的工作思维；在应用表现上，是一套完整的、流程化的、程序式的工作模式；在外在形式感知上，是一个信息智能化的操作软件。

东莞借助信息化手段进行企业风险预警和监管的方式效果明显，实际上整个社会稳定工作都可以借鉴这种"风险预警"方式，这将有利于纠纷和矛盾得到防范和及时解决。

2012年，大朗被确定为广东省网上问政的试点。大朗网络办事平台可以处理600余项事务，其办事流程、表格等都能直接从网上下载，市民还可以预约办事。大朗网络问政来信办结率达98%，获省综治督导组肯定。

第三节 "互联网+全民创安"提高治安防管控信息化水平

浙江省诸暨市枫桥镇的"枫桥经验"是全国最具典型、最具知名度的基层社会治理品牌，在不同历史时期的社会治安管理中发挥了重要作用。经过半个多世纪的传承和发展，

"枫桥经验"形成了"矛盾不上交、平安不出事、服务不缺位"的时代特色,学习推广"枫桥经验",信息化不能缺位。离开了信息化科技的支撑,"枫桥经验"必将成为无本之木、无源之水。

沙田镇政法办会同公安分局、司法分局、"智网工程"指挥调度中心结合学习诸暨市枫桥镇社会治安综合治理方面的先进经验和做法,以村(社区)为试点进一步探索建立科学、高效、顺畅的网格治安防范管理工作机制。

厚街镇以"网格化管理+基层社会治理+多元信息采集"为主线,创新"互联网+全民创安""五四三二一"模式,推动政府主导的全民创安、多元共治新格局。

一、信息化社会治安防控体系建设

(一)背景

习近平总书记在参加十三届全国人大一次会议广东代表团审议时,要求广东"要在营造共建共治共享的社会治理格局上走在全国前列",要创新社会治理体制,把资源、服务、管理放到基层,把基层治理同基层党建结合起来,拓展外来人口参与社会治理途径和方式,加快形成社会治理"人人参与、人人尽责"的良好局面。

沙田镇位于东莞市西南部,东江南支流出海口与狮子洋交汇处,面积约 111.5 平方公里,下辖 16 个村委会和 2 个社区,常住人口约 18 万。沙田镇区位优势明显,地处广州—东莞—深圳—香港等城市发展轴带的中央和珠三角经济圈几何中心位置,与广州、深圳形成半小时同城经济圈。为加强和创新社会治理，结合当前"人、屋、车、场、网、会"等各类社会治理要素结构复杂多元、治理难度大的工作实际，镇政法办会同公安分局、司法分局、"智网工程"指挥调度中心结合学习诸暨市枫桥镇社会治安综合治理方面的先进经验和做法，以村（社区）为试点进一步探索建立科学、高效、顺畅的网格治安防范管理工作机制，把资源、服务、管理放到基层，促进提高村（社区）社会治安防范管理效能，紧密结合当前"二标四实"（实有人口、实有房屋、实有单位、实有设施）的社会治理要素基础信息采集工作，充分应用现代信息技术手段，实施横向资源整合、纵向联动联勤，促进"线上线下"创新融合、流程再造，实现效能提升、服务优化，以"大数据"驱动管理助力和提升"平安村居"建设。

（二）主要措施

1. 建立指挥协调"大统筹"

发挥村（社区）"智网工程"指挥调度工作站对辖区情况进行统一协调、统一指挥、统一调度的作用，落实村（社区）党工委推动基层社会治理的工作责任，夯实村（社区）综治中心、警务室作为加强社会治安防范管理工作的主要抓手，组织制定辖区治安巡防工作计划，每月定期召开治安形势分析研判会议，组织村（社区）两委干部、群众、企业代表、出租屋业主、社会组织、保安员等协同会商治安、安全管理工作，推进村（社区）群防群治协商制度化建设，拓展社会群体参与村（社区）自治服务渠道，发展和壮大"平安建设促进会""立沙大妈""家和有我'和事佬'"等群防群治队伍，定期及时向政法办、公安分局反馈辖区治安巡防工作情况，协同落实针对性的"人防、物防、技防"等综合性安全防范措施，打造统一的指挥调度系统。

2. 管理资源"大整合"

大联动体系对线上载体和线下实体信息搜集的整合，对公安民警、治安巡防、应急维稳、消防安监等力量的整合，结合现行"智网工程"网格管理划分，进一步完善网格员、辅警"定人、定岗、定责"工作制度，推行网格员错时服务、延时值班的工作制度，建立网格员重大问题发现与报告考核奖励机制，进一步明确网格员、辅警排查社会矛盾纠纷、排查安全隐患、预防违法犯罪的主要工作职责，进一步强化入户信息采集，改进网格员、辅警队伍"专业化、正规化、制度化"建设，实现资源集中、力量集中，形成一套行之有效的管理机制。

3. 社会服务"大集中"

通过"智网工程"APP、移动警务终端，以开展"二标四实"工作为契机，在基层试点村居全面开展实有人口、实有房屋、实有单位、实有设施基础信息采集大会战，短期内集中采集、录入"四实"存量信息，建立"社会治理要素基础信息资源库"，推动实现基层单位社会治安防范管理信息的全受理、全程跟踪和督办。通过重点打造一张图、一本账、一号通、一扇窗、一张网、一指通、一盘棋"七个一"运行载体。即一张图：通过"智网工程""二标四实"的基础数据和公共资源，通过电子地图的方式进行具体呈现；一本账：建立"二标四实"兼容、共享的社会治理数据信息库；一号通：对村居公共服务热线进行全面整合，实现与辖区群众

"一个电话联系";一扇窗:依托社区综合服务中心、综治工作中心,建立网上网下集政务信息查询、办事指南、化解矛盾纠纷等功能于一体的群众便民服务窗口;一张网:构建一张横向信息资源整合、纵向联动联勤的立体化社会治理服务网络;一指通:以"智网工程""二标四实"手机终端为载体,组织辖区网格员、辅警队员全面排查掌握辖区治安、安全隐患;一盘棋:通过建立"大联动"机制,形成服务、治理线上线下融合创新、流程再造的崭新体系与工作模式,联动构建村(社区)社会治理工作平台。

4. 治安管理"大巡防"

按照"下沉、前移、联动"的治安防范管理工作导向,建立辖区社会面、治安重点、单位内部、视频"天眼"等防控网,形成村居主导、社会参与、交叉互补、无缝衔接的社会治安立体防控网络。落实村(社区)辖区商业街区、出租屋、工业园区等重点网格管理部位,对照《沙田镇加强社会治安巡防工作职责任务清单》,定人、定点、定岗开展信息采集,组织联系走访群众、企业、出租屋业主,会同警务室开展辖区群众联防、物业保安的治安防范力量队伍建设,建立健全"发现及时、信息灵通"的联动响应机制,拓宽流动人口管理服务的渠道和有效形式,推动出租屋信息化管理,积极防范治安案(事)件,压减命案的诱发。

5. 应急处置"大联动"

组织排查村(社区)辖区公共安全风险隐患点,对存在的风险隐患做出科学、系统评估。结合网格化服务管理工作,建立村(社区)重大案(事)件、灾害应急联动机制,建立健全应急处置预案、队伍、物资数据库（清单），整合应急资源，增强社会主体和居民群众"第一响应"应急能力，形成一套扁平化的应急处置体系，夯实应对突发事件基础。

（三）主要成效

近年来，沙田镇委、镇政府坚持以预防为主，群防群治，深度整合资源，夯实社会治安防范与打击工作，努力放大社会治安综合治理的效应，切实加大治安防范、基层治理、社会稳定等重点工作的力度，筑牢"平安沙田"的立体防护网。具体概括为"三个突出"，简述如下：

1. 突出社会治安防范管理的前移

结合社会治安防范工作"触点多、情况紧、防控面阔"的新常态和命案的重点防范治理工作，深入推进《东莞市公安机关加强社会治安防控体系建设总体成效量化评价指标》工作落实，突出打造"一体化"社会治安防范体系：一是建立区域立体化防护网。加快推进公安机关云端警务、智能感知采集、公路治安查控、寄递物流安全、流动人口和出租屋等"双实"管理，共计采集各类社会治安管理信息201万余条，排查掌握治安防控线索370余条，协助侦破各类案件180余宗。二是紧抓警情社会防控网。镇党委、镇政府以加强公安机关基层派出所、警务室的建设作为加强社会治安防控工作的切入点，基层派出所和巡警大队的警力人数达744人（含公安民警和辅警），占公安分局警力总数的86.8%，重点围绕群众关心的治安防范工作抓落实抓具体，整合巡警、特警、辅警等巡逻力量，通过情报导巡、动态布警、优化警力配置，提升社会见警率，加强社会面治安立体化巡逻防控，最大限度把防范力量摆上社会面，落实警情处置和命案的防范打击，着力提升全民创安的参与度。三是构筑治安视频监控网。编制"平安村居"社会治安视频监控建设规划，着力打造"小监控，大放心"的治安视频监控系统，助推技防村组村居、技防园区、技防出租屋建设。四是打造村居网格防控网。积极依托"智网工程"建设，建立网格 42 个，组建网格员队伍 200 余名，加大对 16 006 家建筑物、13 416 户市场主体、3521 户出租屋、9 个楼盘小区/工业园区的网格化治理，组织构建"网格全覆盖、工作无缝隙、服务零距离、管理无漏洞"的基层治理新格局。五是综合管控虚拟社会防控网。组建网络舆情管控专班，定期组织开展网络安全治理、网吧专项治理、网络信息研判治理，推进建设 150 个 Wi-Fi警用热点，全镇网吧安全管理系统实名登记率达到 100%。

2. 突出抓好拆迁安置小区的协同善治

积极加强立沙花园拆迁安置小区的建设和管理，发挥社会服务组织推进立沙花园协同善治，新建小区警务室、综治中心、辅警队伍、人民调解、物业管理队伍，组建管理员、协管员、监督员、社会服务组织工作人员、"立沙大妈"、"家和有我'和事佬'"等群防群治队伍，实行"四社"（即社区、社会组织、社工、社会力量）联动新模式，形成互动互联的自治网络，组织实施网格管理安全防范、维护治安秩序，掌握社会舆情，健全多元化解邻里矛盾纠纷机制，把"六有六无"平安村（社区）创建工作内容全面融入小区网格化管理项目，推进管理网格化、警务信息化、工作联动化，以此整体提升立沙花园拆迁安置小区的社会服务效能，提高立沙花园小区群众投身社会治安综合治理和平安村居建设的参与度。

3. 突出推进维护社会稳定体系的建立

（1）压实维稳工作第一责任。紧密围绕维稳的核心工作任务，压实党政班子领导和基层单位维稳责任，采取攻坚克难、稳控列管、值勤值守等措施，滚动加强信访维稳隐患梳理、分析、研判。

（2）健全维稳工作体系。综治信访维稳工作平台积极巩固和扩展"1+15"的社会矛盾纠纷排查化解工作成果，强化"日排查、周研判"制度执行落实，压实基层单位处置突发劳资纠纷、安全生产事故、非正常死亡、涉房地产、环境问题等矛盾纠纷1187宗。

（3）劳资关系纠纷齐抓预防。积极构建"警企联防"、建立劳动关系监测体系，推动劳资纠纷齐抓预防。人力资源部门创建了331家企业为"和谐劳动关系企业"，覆盖企业外来员工近3.5万人，创建企业数占企业总数的79%；受理信访仲裁劳资纠纷案件479宗，涉及金额1870万元，利用预警系统通报核查隐患企业175家。

（4）落实重点稳控评估。沙田镇加强对利澳花园、港口国际楼盘、东方明珠学校等重点区域矛盾纠纷的综合研判和评估，制定专项稳控化解方案，加强重点不稳定因素的防范处置。同时，结合推进重点项目建设，组织开展了立沙岛精细化工园危险废物处理中心项目、港湾大桥等重点项目的涉稳风险评估。

（5）完善信访维稳工作制度。制定了《沙田镇信访维稳工作奖惩办法》和《沙田镇解决群众信访诉求考核办法》，将基层单位"属地、属事"履行维稳工作责任情况和重点工作执行情况纳入绩效评核范围。

二、创新"互联网+全民创安"手段

（一）背景

"全民创安"是构建立体化防控体系的重要抓手，是创建平安厚街的重要组成部分。厚街镇敏锐把握机遇，转变观念，主动作为，以"传统+科技，警力+民力，防范+打击"为导向，以科技为引领、信息为支撑，创新"互联网+全民创安"工作模式，形成了"党政领导、部门联动、政法主力、全民参与"的社会共治工作格局。

（二）主要做法

1. 认清形势，抓住机遇，以"互联网+"破解全民创安参与度不高的难题

（1）传统模式下创安难度大。近年来，厚街镇社会经济发展迅猛，企业、旅游业、出租屋等场所星罗棋布，路网发达，外来人口多、流动性大、涉及面广，创建平安建设难度大、任务重，公安机关在创安方面也存在警力不足，"防不胜防、打不胜打"等问题。

（2）缺乏有效的创安动员组织机制。在开展"智网工程"建设实践中发现，群众参与公共安全事务的内生性需求比较强烈，只是缺乏有效动员机制与组织方式、方法和手段，创安资源和力量难以有效整合，从而导致群众参与创安的氛围趋于淡化。

（3）"互联网+"通信发展态势带来新机遇。当前是"互联网+"创新的新时期和新常态，各行业充分激发互联网"大众创业，万众创新"活力，推动互联网在经济社会各领域的广泛应用。敏锐把握"互联网+"浪潮带来的契机，转变思维，以科技信息化为引领，运用"互联网+"技术提升创安工作效能。

（4）"互联网+全民创安"具备的良好基础和优势。一是符合上级工作精神和政策支持的优势。中央、省、市先后召开政法工作会议，部署开展立体化社会治安防控体系建设，提出"全民创安，社会共治"相关精神，厚街镇被定为全省立体化防控体系建设县级试点单位，得到了上级大力支持。二是"智网工程"工作夯实全民创安工作基础。厚街镇党委政府创新社会治理，深入开展"智网工程"建设，通过巡城马、二维码建档和微物管等措施，全方位体系化地开展了群防群治等工作，形成了101个基础网格，整合一支综管队伍，取得了信息采集共享和隐患治理等多方面工作成效，积累了一定的技术经验和群众基础。

2. 科技引领，创新措施，以"五四三二一"模式全面推进"互联网+全民创安"工作

以"网格化管理+基层社会治理+多元信息采集"为主线，创新"互联网+全民创安""五四三二一"模式，推动政府主导的全民创安、多元共治新格局。

（1）动员整合五支"全民创安"队伍，完善立体化治安防控体系。全面动员辅警、综管员、环卫工、保安员、志愿者五支创安队伍，计划年内组成总规模超过7000人的"全民

创安"骨干力量,并以逐年增加20%的比例不断扩充创安力量,不断夯实立体化社会治安防控体系基础。

(2)划分四类责任网格,明确创安工作职责。结合创安队伍自身职业和职能,划分为基础网格、道路网格、自治网格和虚拟网格四类责任网格。

一是基础网格。由辅警和综管员组成,主要职责是开展好辖区治安联防、打击防范、隐患巡查,利用"互联网+全民创安"APP(以下简称"APP")采集网格内人、屋、车、场等基础信息,提供线索、视频、截图等基础信息和取证信息。

二是道路网格。由环卫工队伍担任"城市事件发现者"和"通报者"角色,利用APP提供有关举报线索、视频、截图等动态情报信息。

三是自治网格。由保安员队伍负责开展好网格内的治安、消防管理、治安防范,利用APP采集网格内的人、车等基础信息,提供有关线索、视频、截图等事件信息。全镇娱乐服务场所、楼盘小区、商场、大型专业市场等场所单位保安队伍已经加入全民创安队伍,并开展"互联网+禁毒"工作,下一步在各企业、学校全面推广。

四是虚拟网格。虚拟网格就是无明确责任区域的网格,随人而动,主要包括平安志愿者以及"平安厚街""超级服务"微信公众号粉丝等人员,负责对身边事进行通报,充当"西城大妈""朝阳群众"类的角色,利用APP提供有关举报线索、视频、截图等信息。

(3)以"三个机制"为抓手,促"全民创安"常态化。

镇政府划拨专项资金，对创安工作绩效考评中优秀人员，以及创安工作中涌现的见义勇为、举报违法犯罪、提供有价值线索等好人好事进行奖励，建立和完善绩效考核通报、星级差别激励、常态化信息采集三个机制。

一是考核奖惩机制。建立面向体制内辅警、综管员两支队伍的绩效考核指标体系及奖惩制度，细化创安工作考核指标，将考核结果作为评先评优、考试晋升等工作的参考指标，提高人员工作积极性和刚性约束力。

二是星级差别激励机制。对环卫工、保安员、志愿者三支体制外的社会性创安队伍进行积分管理，划分五个星级，以网上签到送流量、在线"时间银行"积分、贡献积分等管理制度，对三星以上的创安人员，可在政府公共服务获取、法律援助、积分入学乃至于工业旅游和商业消费等环节给予优惠政策。对积极参与创安并做出贡献的企业、场所等单位实行分类激励，以荣誉激励、信用嘉奖为主，建立物质、荣誉、诚信、服务等综合激励体系。

三是常态化信息采集机制。以"互联网+全民创安"云服务平台为支撑，统筹创安人员使用 APP，随时随地开展信息采集、情况通报、线索举报等工作，形成信息采集常态化，对上传信息质量高、及时有效的给予奖励。

（4）建立两个相互支撑的工作体系，形成多元社会基础信息采集格局。在完善社区网格化服务管理工作体系的基础上，以五支全民创安骨干队伍为基础，全面采集社会基础信息，发展人力情报力量，最大限度延伸情报信息节点、延展情报网络，形成社会治安情报应用工作体系，不断创新创安手段和技战法，提升创安工作效能。

（5）搭建"互联网+全民创安"云服务平台，发挥信息支撑、数据引领效能。建立全镇社会防控监督指挥平台，增挂社会防控数据处理中心牌子，以现有厚街镇"互联网+基层社会治理"综合信息支撑平台为基础，统筹开发"互联网+全民创安"云服务子平台，加入社会化视频、"平安厚街"微信超级服务、邻里互助、"以案说防"资讯、车辆"随手拍"、智慧场所管理、便民服务模块"私人定制"、互动中心，"云群防""云知道"等"微创新"业务元素，通过镇一级数据中心进行数据收集、分析、甄别、分拨等工作，实现多角色、多任务创安队伍。实现信息采集、便民服务、隐患处理、任务指派、数据统计等功能，打造全面覆盖、动态跟踪、联通共享、功能齐全的"互联网+全民创安"云服务支撑系统。

（三）主要成效

已动员创安人员 16 098 人，其中体制内的辅警 1890 名、网格综管员 486 名、环卫工 462 名，体制外的平安志愿者11 491 名、保安 1769 名，已超额完成既定的 7000 人的任务，取得了较好的成效。2018 年，厚街镇获得了"立体化治安防控体系考评全市第一"和"信息采集量全市第一"的成效。

1. 破解四大难题

破解了群众创安参与度不高的难题，破解了情报信息收集手段缺乏的难题，破解了政府、公安单打独斗的难题，破解了警民联系手段缺乏的难题。社会防控数据处理中心已沉淀数据 30 多亿条，通过云服务平台收集违法犯罪线索 235

条、安全隐患举报 176 条、人口车辆动态信息共 50 多万条、辅助破获刑事案件 115 宗，即每十宗案件就有一宗是通过全民创安机制提供的线索破获。

2. 具备十大优势

具备形式新颖、操作方便、发动面广、互动性强、信息收集快、群众参与热情高、社会共治能力高、提升政府形象、投入少、成效显著十大优势。

3. 打防管控效能大幅提升

2015 年共接违法犯罪警情同比下降 18.6%，2016 年 1—9 月共接违法犯罪警情同比下降 19.6%；2015 年破刑事案件同比上升 12.5%，2016 年 1—9 月破刑事案件同比上升 16%。

三、经验与启示

沙田镇和厚街镇全面打造"互联网＋全民创安"群防群治的智网工程，运用先进信息化手段全面提高治安防控管控水平。这两个镇坚持以信息化、现代化技术为指导，提高治安防控能力；全面整合资源建立"互联网＋全民创安"云服务平台，整合辅警、网格化综管员、环卫工、保安员、志愿者五支队伍，通过应用"互联网＋全民创安"平台，及时发现警情、报告警情、处理警情，全力提升全民创建平安的参与度，构建"党政领导、部门联动、政法主力、全民参与"的格局，努力提高社会治理水平和维护治安大局稳定能力。主要经验是：

第一，镇党委、镇政府统筹推进，是深入开展"互联网＋全民创安"的组织保障。全民创安工作是一项系统工程，厚街镇镇党委、镇政府成立了由镇委副书记李惠勤任组长的领导小组，通过全镇统筹，有力推进全民创安工作。

第二，以科技信息化引领群防群治，是推动全民创安工作持续发展的有效手段。随着科技信息化发展和智能手机保有量、普及率不断增加，"互联网+"和通信技术发展态势给我们带来了新机遇。通过推广"互联网+全民创安"APP，创安人员只需简单操作就可以随时随地参与创安，提高群众参与热情。

第三，让群众既当参与者又当受益者，是提升全民创安参与度的原动力。建立差别激励机制，将创安队伍进行星级分级，对"三星"以上的创安人员和做出贡献的单位给予多方面的优惠政策，吸引大量创安企业、创安人员参与，形成了参与度不断提升的良性循环。

第四，提升全民创安参与度，是立体化治安防控体系建设的基础。警力有限，民力无穷。全民创安要坚持党委、政府统筹领导，以公安机关作为平安建设的主力军，全力推进"全民创安，综合治理"，引导社会成员增强主人翁意识，激发社会共治力量，不断夯实立体化治安防控体系建设的群众基础。

第五章 | 东莞工青妇等重点群团组织联动共建研究

引 言

东莞的经济发展举世瞩目，东莞的社会发展和社会建设举世关注。工青妇等重点群团组织如何在创新社会管理中增强吸引力、凝聚力和贡献率以及发挥整体力量，是东莞工青妇等重点群团服务建设幸福东莞、主动适应东莞社会转型的重要举措。由于工青妇等群团组织的组织规模、动员能力与其他普通群团相比具有明显的优势，因此本课题将其称为"重点群团"。这些重点群团伴随政府职能转变以及承接政府社会服务项目的要求，正在由单纯承担组织动员职能向管理职能和服务职能转变，工青妇等重点群团组织的服务覆盖面急速增大，从群体组织到"一对一"服务的转变，使得人数少、基础薄弱的工青妇面临资源供给不足的问题。面对工作环境、工作对象日益复杂化和社会组织多元化迅猛发展的形势，工青妇等重点群团自身的代表性、凝聚力、认可度和竞争力已受到严峻考验。具有共同特点的工青妇进行资源整合、联动共建是必然选择。工青妇等重点群团组织在组织性质、工作对象、工作内容、工作方式、工作载体等方面具有较强的共性特质和交错重叠性等实际情况，具有联动共建、发挥整体作用的政治基础、领导基础、群众基础和组织基础。东莞要借鉴江门市以"市委常委项目"引导工青妇联动共建的做法，学习四川成立"群团组织社会服务中心"的举措，引进顺德区社会创新中心的成功做法，仿效青海出台《东莞工青妇等重点群团组织联动共建实施意见》，从而建立规范化、程序化、长效化的制度保障。以建设"社区综合服务中心"和"社区政务中心"为载体，打造党妇工团"四位一体"联动共建模式；以建设枢纽型社会组织为契机，以"党群共建"带动工青妇联动共建；以项目化的运作实现联动；建设联动的长效机制。东莞的联动主要是临时的、被动的联动，其原因是缺乏制度和组织。通过组织建设联动、文体活动联动、帮扶工作联动和维权工作联动构建联动共建平台，以联动促共建。

第一节　联动共建的必然性、必要性和可行性分析

党的十八届三中全会首次提出要推进国家治理体系和治理能力现代化，要求充分发挥工会、共青团、妇联等人民团体作用，齐心协力推进改革。作为改革开放的前沿城市，东莞正处于产业升级和社会转型的关键时期，同时也是社会矛

盾的高发期和社会风险的活跃期。根据中共东莞市委、东莞市人民政府《关于加强社会管理的意见》的要求，东莞要建设成为全省创新社会管理的引领区，如何使工青妇等重点群团在创新社会管理中增强吸引力、凝聚力和贡献率以及发挥整体力量，是东莞工青妇等重点群团服务建设幸福东莞、主动适应东莞社会转型的重要举措；是东莞高水平崛起中适应新形势、完成新任务的必然选择。工青妇等重点群团组织在党执政方式和政府职能转变的背景下、在市场经济中资源配置和流向的规律作用下存在如何定位和如何发展的困境，因此联动共建具有必然性、必要性和可行性。

一、职能发展和定位与联动共建的必然性

（一）工青妇联动共建是其工作方式和职能转变的必然选择

与过去相比，我们党的执政理念发生了很大变化，在以人为本、科学发展、构建和谐社会的执政理念支撑下，党提出了科学执政、民主执政、依法执政的领导方式和执政方式；政府职能也正由权力型政府逐步向强化公共资源管理为主的服务型政府转变。工青妇等重点群团组织必须积极主动适应党的执政方式的变革和政府职能的转变。据市妇联有关领导介绍，在工青妇组织的职能定位从组织到服务的转变中，她们工作的明显变化就是服务覆盖面明显加大，工作细致化、深入化；妇联的工作已从组织发动到一对一的个案服务。随着政府的社会管理和公共服务职能不断延展，社会志愿服务、青少年权益保护、社区综合服务、外地人务工服务等逐步成为政府管理社会的重要内容，也为工青妇事业发展提供了更加广阔的平台。因此工青妇的工作职能要不断丰富其内涵，拓展其外延。工青妇等重点群团组织要改变"等、靠、要"的做法，积极推动和实现活动运作社会化，变"独唱"为"合唱"，变"单打独斗"为"集团作战"。由此，整合群团组织资源，采取群团工作整体联动的工作方式和工作机制，形成群团工作合力是党的执政理念发生变化背景下东莞工青妇等重点群团组织的必然选择。东莞工青妇等重点群团需要丰富工作内容、创新工作方式、完善工作机制，主动适应政府职能转变中创新东莞社会管理的需要。

（二）联动共建是东莞市工青妇等重点群团主动适应东莞社会转型的重要举措，是新形势、新任务下的必然选择

当前和今后一段时期，东莞市处于转型升级、科学发展的重要战略机遇期，又处于社会矛盾、社会问题凸显期，各种社会要素处于不断分化之中。社会各阶层之间的关系错综复杂，经济成分和经济利益、社会生活方式、社会组织形式、就业岗位和就业方式等不断呈现出多样化态势。社会转型、社会管理工作空间的扩展，要求东莞市工青妇等重点群团主动适应。面对复杂的现阶段社会结构，要充分发挥工青妇等重点群团在社会管理工作中的作用，只有有效整合组织资源，采取整体联动的工作方式和工作机制，才能在社会结构变动中，把社会管理工作做好做实，从而有效化解各种社会矛盾，保持社会安定有序。

二、联动共建的必要性

（一）整合资源、联动共建是创新工青妇工作运行机制
的要求

良好的机制是一个组织顺利运转、发挥作用、持续发展
的重要保证。工青妇工作必须构建与社会主义市场经济体制
相适应的、服务能力更强、社会化水平更高、群众参与面更
广、能够实现可持续发展的工作运行机制。党执政方式和政
府职能的转变要求群团组织不断调整、创新与突破。要充分
发挥群团组织联系群众，引导、管理和服务社会的职能，就
必须采取整合资源、整体联动的工作方式和工作机制。市场
经济条件下，资源配置和流向的规律决定社会组织越有动员
力和影响力就越能获得资源，越有资源就越有动员力和影响
力。经济体制的转变深刻影响着社会资源的配置方式和政府
职能的调整，市场在资源配置中起着基础性作用，社会管理
伴随着政府职能的转变呈现出"小政府，大社会"格局。这
些变化同样深刻影响着工青妇组织。市场经济体制中，工青
妇的事业要取得新发展，就必须遵循市场经济的基本规律，
把市场经济的运作方式带到工作方式中，从社会获取更多资
源，增强自我运转能力。在这种规律的推动下，政府组织、
经济组织、民间组织都纷纷进行资源整合，体现集群优势。
工青妇等重点群团多年以来形成的各自为政、单兵作战已不
符合市场经济条件下高效配置资源的规律。相比东莞的经济
发展规模和人口规模，群团组织普遍规模小、底子薄，面对
工作任务显得有点势单力薄。群团组织各自为战，开展的活

动规模小、影响小，形不成声势，达不到效果。资源包括有形资源和无形资源，有形资源如人、财、物、信息等，无形资源如制度、文化、品牌等。资源是一切事业发展必不可少的条件和赖以生存的根基，更是提高工青妇组织贡献率、参与率、认同率和影响力的重要保证。没有资源的有力支撑，再好的计划、创意都是空谈。要改变这种情况，就必须建立健全群团组织联动的工作机制，不断加强组织的服务能力、凝聚能力、学习能力、合作能力建设，合力搭建互联共享的平台，充分发挥整体作用，集中精力、集中资源办大事，通过整合来构建完善开放的资源整合机制。

（二）整合资源、联动共建是工青妇等重点群团组织自身建设的必然选择

当前，东莞工青妇等重点群团组织存在一些与东莞经济和社会发展要求不相适应的问题，主要表现在以下方面：

第一，与东莞庞大的人口数量、巨大的经济总量、雨后春笋般出现的社会组织相比，工青妇等重点群团组织在组织建设上存在规模小、能量弱的局限和现状。基层和企事业单位对地方群团组织重要性认识不足，基层群团组织的工作出现"边缘化"倾向；群团组织机构小、人手少，没有专职干部，或有的身兼数职（本职工作无法保证），群团活动经常受到大量其他事务的冲击，无法正常开展，等等。

第二，在工青妇等重点群团组织自身定位上，意识形态属性多于管理属性。群团组织机关化、行政化倾向，容易形成工作模式单一性、功能定位被动性、社会化程度不高；仪式性、象征性活动多，实质性、群众性活动少，服务社会、

服务群众功能难以体现等弊端。工青妇工作中还存在一些与新形势、新任务、新要求不相适应的薄弱环节，如一些基层党委、政府部门对工青妇工作的重要性认识不到位，对工青妇工作的关心与支持力度不够；一些基层工青妇组织开拓创新意识不强，在工作手段、活动方式、运行机制等方面还有与时代要求、群众愿望不相适应的地方。

第三，组织系统的开放性、融合性、互动性不足。群团组织的工作性质、工作内容、工作方式有相近性，工作对象和工作资源也有相互交叉的一面，如群团的主要职责就是做好群众工作，工作方式需要以"活动"为支撑，工作对象大多交叉、同为一个主体等，这就要求群团组织之间相互联系、经常交流、集中力量，开展有重点、见实效的大型活动。但现实中，组织系统的开放性、融合性、互动性很不够，在某些领域存在各自为战、争夺资源、重复劳动的现象，造成势单力薄、整体工作效果较差。

要解决上述问题并充分发挥群团组织联系群众，引导、管理和服务社会的职能，就必须采取资源整合、整体联动的工作方式和工作机制，才能开创群团工作新局面。正是基于对新形势、新任务的认识判断，基于对群团工作现状的分析把握，东莞工青妇等重点群团组织正在积极尝试"整合资源、整体联动"。

三、联动共建的可行性

群团组织工作既有特殊性又有共通性，工作相互渗透，利于整合。群团组织的特殊性是指工、青、妇各有分工，服务对象有相对集中的群体，有各自的工作章程，经费渠道也不尽相同。另外，各个群团组织所开展的工作内容又具有共通性，如维权、培训、帮扶，尤其是组织群众开展丰富多彩的文体活动、劳动技能竞赛等，更是"你中有我，我中有你"。服务内容大体一致的明显特征，提供了群团组织合作共事的有利条件。所以工青妇等重点群团不仅具有联动共建的必然性和必要性，又由于它们之间具有许多共性，通过联动必然会产生"1+1+1>3"的效果。工青妇等重点群团组织的性质地位相近，工作对象交叉，工作方式、工作载体相似，东莞市工青妇等重点群团组织在社会转型、社会管理创新和建设枢纽型社会组织中具备了联动的项目基础和实践基础，因此东莞工青妇等重点群团联动共建发挥整体作用具有很强的可行性。

第一，工青妇等重点群团组织性质相同，有建立联动机制发挥整体作用的政治基础、领导基础、群众基础和组织基础。通过群团组织做好群众工作，是工青妇等重点群团工作中的共性。共同的政治基础和领导基础是各群团组织合作共事的前提。

（1）工青妇等重点群团组织有相同的政治基础。工青妇组织是党领导下的工人阶级、先进青年、各族各界妇女的群众团体，是广大群众利益的代表者和维护者，是党联系群众的桥梁和纽带，是国家政权的重要社会支柱。

（2）工青妇等重点群团组织有相同的领导基础。工青妇等重点群团组织都是党政整体工作链条上的一环，党政往往安排相同的领导分管群团组织，有共同的领导基础。

（3）工青妇等重点群团组织有共同的群众基础。工青妇等重点群团作为纽带和桥梁，所联系的群众互相交叉，互相融合，你中有我，我中有你。

（4）工青妇等重点群团组织有共同的组织基础。群团组织具有完整的组织体系，基层组织遍布机关、农村、部队、企业、学校等，既有各自专门的网络，也有重叠设置的机构，甚至在有的基层单位是几个牌子、一套人马，具有联动共建的组织基础。

第二，工青妇等重点群团组织工作性质、工作对象重叠。"活动"是工青妇等重点群团组织共同的工作方式，"项目"是工青妇等重点群团组织共同的工作载体，因此具备联动共建的工作基础。

（1）工青妇等重点群团组织工作性质相近，许多工作都具有交叉点和同类项。例如，东莞市总工会的"金秋助学"活动、东莞市团委的"爱心助学"活动、东莞市妇联的"爱心父母助学"活动等。这些活动都可以通过整合减少资源浪费，扩大活动规模、影响和效果。

（2）工作对象重叠。比如工会服务对象的青年工人与团组织重叠；女职工与妇联重叠；妇联中的女工、女学生、女职员、女童分别与工会和团组织重叠；等等。

（3）工作内容交错。比如维权、帮扶、就业、文体活动、公益活动、宣传教育、希望工程等是工青妇等重点群团组织共同的工作内容。

（4）工作方式和工作载体相近。比如围绕节日活动，工会的"五一"劳动节、团组织的"五四"青年节、妇联的

"三八"妇女节。项目运作、争创品牌是工青妇等重点群团组织共同的工作载体和运行机制，比如东莞市运作较为成功的品牌项目分别是——东莞市总工会创建的"东莞市先锋号职工服务中心"品牌、东莞市团委创建的"莞香花青少年服务中心"和东莞市妇联指导创建的"白玉兰家庭服务中心"。

（5）在企业和基层有的是交叉兼职、一套人马，同时基层人群覆盖面大体相同，活动也是相同的团体。基层常见的活动，比如困难群体的帮扶、教育培训、技能比赛、高温慰问工作、单身青年联谊、育龄妇女的各类体检活动及员工新婚、生育、乔迁、住院、去世的"五必到"慰问工作等是基层工青妇组织共同的工作。

第三，东莞工青妇等重点群团组织具有建立联动机制发挥整体作用的实践基础。近年来，在一些具体工作项目上，群团组织在联动工作方面已经做了一些有益探索，积累了一定的经验，协作意识有所增强，社会协同能力有所增长。

（1）工青妇等重点群团组织各司其职，在共同的工作对象和工作项目上共同发力，齐抓共管。例如，东莞市工会系统开展的争创"东莞市工人先锋号"活动、共青团开展的"青年文明号"活动、妇联开展的"创建东莞市巾帼文明岗"活动、东莞市总工会的"金秋助学"活动、东莞市团委的"爱心助学"活动、东莞市妇联的"爱心父母助学"活动等。

（2）工青妇重点群团通过建设枢纽型社会组织，在具体的工作项目上协作意识有所增强，社会协同能力增长。各级工青妇组织通过组织劳动竞赛、青年就业创业、巾帼建功等岗位成才活动，通过抓好劳动模范、杰出青年、三八红旗手等评选表彰活动，通过开展工人先锋号、青年文明号、巾帼文明岗等和谐创建活动，激发了广大群众的创造活力和创新能力，引导广大群众在推进产业结构调整、加快转型发展中建功立业。例如，东莞市总工会创建了"东莞市先锋号职工服务中心"品牌，东莞市团委创建了"莞香花青少年服务中心"品牌，东莞市妇联指导创建了"白玉兰家庭服务中心"品牌，同时通过"社区综合服务中心"的运作，东莞市工青妇等群团组织的协作意识有所增强，社会协同能力有所增长。

第四，东莞已初步建立了工青妇联动工作的保障机制。为充分发挥工青妇等重点群团在建设"幸福东莞"和东莞高水平崛起中的作用，东莞市委出台了《关于加强社会组织管理的实施意见》，该意见提出要构建工青妇等群团组织和其他社会组织合作、联系和服务的纽带，把工青妇等群团组织打造成枢纽型社会组织，形成一个以群团组织为枢纽，以相关社会组织为网络的社会服务体系。市委、市政府高度重视工青妇等重点群团组织的工作，形成"党委领导、政府支持、工青妇牵头、各方参与"的良好局面，为工青妇充分发挥作用创造良好条件。在硬件建设方面，把工人文化宫、青少年活动中心、志愿服务中心、儿童活动中心等活动场所建设纳入城市建设规划。在经费支持方面，工青妇工作经费列入各镇（街）、各单位的常项经费预算，确保经费落实到位。在解决困难方面，针对志愿服务事业的瓶颈，市委常委会专题研究，在制定政策、人员编制、办公场所、经费保障上大力支持。在责任考核方面，健全目标责任制度，把党建带工建、团建、妇建纳入"三级联创"活动，统筹工作的落实推进；健全工作考评制度，把工青妇工作绩效纳入各级领导班子和领导干部综合考核指标体系。在舆论宣传方面，宣传部门和新闻媒体加大对工青妇工作的宣传力度，扩大工青妇工作的社会影响力。工青妇等重点群团组织整合资源做大事，在联动机制方面做了一些有益探索，树立了群团组织整体形象，打出了群团组织的整体声势。

综上所述，东莞工青妇等重点群团组织具有联动共建的必然性、必要性和可行性。多年来，市委始终把工青妇工作放到党委工作的大格局中通盘考虑，放到东莞市经济社会发展的大布局中规划部署，定期听取工青妇工作汇报，专题研究工青妇工作。实行党政各一名领导分别分管和联系工青妇工作，坚持每年召开党群工作座谈会，在工青妇等重点群团联动共建中有了一定的基础。但是整体来看联动共建主要表现为基层的活动和帮扶联动，镇区一级围绕主题活动的临时联动较多，主动有计划的联动少，市一级仍旧是各自为战、争夺资源、重复劳动，因此东莞市整体工青妇等重点群团联动共建基础薄弱，会影响整体工作效果。因此，迫切需要工青妇等重点群团突破传统的旧思维，打破局限的小圈子，积极探索建立联动机制，创造性地构建平台、整合资源、形成合力。

第二节　东莞工青妇等重点群团联动
共建的基本思路和原则

东莞的工青妇等重点群团要在东莞社会管理创新和服务东莞经济社会发展的大局中充分发挥群团组织的整体作用，那么联动共建是趋势和必然。但联动不是简单的合并，其基本原则是整合群团资源，发挥整体联动效应，形成"1+1+1>3"的整体联合工作格局；其基本思路是破"垂直管理"制约，树立"大群团"观念，在各组织间实现"互利共赢"，着力创新协同机制，构建"枢纽型"工作体系。

一、联动共建的指导思想

东莞工青妇等重点群团组织应适应市场经济发展和配合政府职能转变，在指导思想上由以政治运动为中心向以经济建设为中心转变，在资源运用上由单一资源依附型向社会资源互补型转变。体制转轨给工青妇等重点群团组织工作带来深刻影响，使工青妇等重点群团组织的无限责任和有限资源的矛盾更加突出，资源短缺、服务手段匮乏已成为制约工作发展的根本原因。工青妇等重点群团组织要改变过去单兵作战的方式，在某些同类项目上进行组织间的合作与联动，实现人、财、物的有效整合，体现集群优势；组织系统上也应由单一的、封闭的群团组织系统向多极的、开放的社会组织系统转变，由单一组织单干向各组织合作联动转变，齐心谋事、联手做事、实现共赢和绩效最优化的目标。

二、联动共建的基本思路

东莞工青妇的联动主要停留在基层，与企事业单位的工青妇联合组织文体、节日和助学、维权、帮扶活动。镇区围绕主题活动的临时联动和被动联动居多，一般来讲，由活动主要对象的主管群团发起，围绕活动开展，其他组织配合，主管镇长负责。东莞的市一级联动共建停留在理论层面。因此必须改被动为主动，改临时为有计划联动，明确联动的基本思路和基本原则，制定联动共建策略，建设联动共建机制，以联动促联建。联动共建需要构建"大群团"工作格局、推进项目化运作，形成枢纽型工作体系。

（一）努力构建"大群团"工作格局

东莞工青妇等重点群团组织应自身转型发展，整合各方力量，拓宽工作领域，延伸工作手臂，做到资源联用、项目联建、品牌联创、努力提高覆盖面。面对群团工作环境、工作对象日益复杂化和社会组织多元化迅猛发展的形势，群团自身的代表性、凝聚力、认可度和竞争力已受到严峻考验。应倡导合作理念，营造合作氛围，突破"垂直管理"制约，树立"大群团"观念，在各群团组织间结成"互利共赢"共识，调动方方面面的积极性，切实增强组织之间的凝合力；主动适应新形势，着力改变传统组织方式，建立社会化组织网络；有效承接党政赋予的资源手段，积极借助社会力量，采取党政、企业、社会多元的方式开展活动，努力构建"大群团"工作格局。

（二）推进项目化运作

按照协作联动、互利共赢的工作理念，实行人力、物力、财力的有机整合，将各自内容相同或相近的工作项目进行整合，统一策划，共同行动，形成项目化经营、社会化运作；加大外延型整合，积极探索多样化项目承接方式、培育多元化项目承接主体，最大限度地利用社会各方资源，以项目化方式不断提高服务群众实效。

（三）着力创新协同机制，构建"枢纽型"工作体系

姚康副书记要求市工青妇组织要认真落实"把工青妇等群团组织打造成为枢纽型社会组织"的措施，按照加强社会建设的要求和部署，找准工作定位、把握群众需求、强化社会服务功能、加强阵地建设、打响工作品牌，努力在参与社会管理工作中取得更好的社会效益，形成一批创新性的实践成果和理论成果，推动共青团和妇联工作再上新台阶。工青妇组织项目化运作整合社会资源的过程中关键是思维方式，要树立开放的工作思维。市场经济条件下开展群团工作，就要有适应市场经济模式的思维。市场经济，是开放式经济，以开放的视角来看待群团组织的位置、职能和资源，遵循市场经济的规律、运用市场经济的手段来谋划和推动工作，善于在社会舞台上扮演社会角色；能够致力于建立开放式工青妇工作格局，特别是要清楚认识市场经济条件下社会化、项目化方式对于共青团工作的必要性和重要性，强化经济头脑，增强活动意识，牢固项目化理念。按照源于社会、用于社会的要求，注重市场法则与组织优势的结合，多渠道、多形式、全方位获取社会资源，高效率使用社会资源。

三、联动共建的基本原则

工青妇等重点群团只有建立联动机制，才能长期稳定地发挥整体作用。联动的前提是参与联动的各方既要有共性，也要保持独立性和个性。联动不是大而统的职能合并，也不是形式上和表面上的勉而合之，它必须遵循一定的原则：

（一）整合资源、整体联动的原则

立足于整合工青妇等重点群团的优势资源，找准服务大局、服务社会的切入点和结合点，加强群团组织间的交流与合作，最大限度地实现资源共享。根据工青妇等重点群团组织工作既有共性又有个性的特点，突破传统思维、打破各自的小圈子、调整发展思路、突出整体作用，在政策、信息、阵地、活动和宣传等方面实现人、财、物的有效整合，体现集群优势，最大限度地实现资源共建共享。

（二）保持特色、有所作为原则

群团组织的工作既有交叉重叠的部分，又有凸显特色的部分，联动不是合并，各群团组织必须按照法律和各自章程保持特色：一是要选择优势项目，实现"强强"联合，把影响面广、牵动全局的重点活动做大、做强。二是要保持特色。三是要坚持"有所为有所不为"的原则。从实际出发，该整合联动的就整合联动，不该整合联动的则不做无用之功。

（三）项目运用原则

工青妇等重点群团组织各有自己的工作对象、工作职责。

群团组织的联动整合，不是简单的混合，更不是凑合，而应当立足于发挥群团组织的比较优势，找准服务大局、服务社会的切入点作为行动平台，以整合各群团组织的优势资源，最大限度地实现资源共建共享。这种平台，通常都是以项目为载体来进行运作。围绕东莞经济和社会转型的大局和总体要求，结合工青妇等重点群团组织的工作职责，科学策划联动项目，合理选择联动方式，以项目化的运作方式，科学分工，明确责任，充分发挥各个群团组织在不同领域、行业、系统的优势，团结协作、稳步推进。要在长效联动和打造品牌上下功夫，联动范围不在广，活动品牌不在多，而在精在持久在长效。这些活动的开展，有利于群团组织争取党委政府的支持，打造群团组织工作的强大品牌，加强群团组织间的交流与合作，最大限度地实现资源共建共享，提高活动的影响力和带动力。

（四）务求实效原则

以党委政府所望、服务对象所盼、群团组织所能作为出发点，尊重群众意愿，切合实际，把影响广、牵动全局的活动做实、做细、做出成效，切不可搞成"形象工程""花架子工程"。这是群团组织实施整体联动是否成功的要害之所在。在开展群团组织整体联动活动时，选择项目、开展活动和检验效果都力求实在，尤其注重在惠民、助困、维权、提高市民素质等事关老百姓切身利益的现实问题上选择项目，开展活动。每一次活动都务求下真功夫，脚踏实地，落在实处，务求实效，力戒形式主义走过场。

第三节　东莞工青妇等重点群团联动共建的策略

工青妇联动共建是一个庞大的系统工程。工青妇本身是三个独立的群团组织，因此联动可以是两个联动，也可以是三个联动；可以是它们之间的联动，也可以是它们与其他社会组织的联动；可以是基层联动，也可以是镇区联动，还可以是市一级的联动；可以是一个企业事业单位的联动，也可能是一个行业系统的联动。工青妇都是党统一领导下的群众组织，因此联动建设中涉及党的作用的发挥。东莞的工青妇等重点群团联动共建必须融入东莞的社会管理创新中才能使这种联动共建具有东莞的特色、符合东莞的需求。

一、以"党群共建"带动工青妇联动共建

工青妇等组织都是党统一领导下的群团组织，因此党委重视是联动共建的重要保障。工青妇等组织一方面是党最贴心、最忠诚、最得力的助手，是实现党的各项方针政策的组织保证；另一方面又是党和职工、青年团员和妇女儿童的联系带、黏合剂、润滑油，代表着广大群众的根本利益。工青妇等组织有自己的个性特点和专门职责，要实现整体联动，必然涉及多层面、多角度的问题需要解决。这些问题单靠群团组织自身是无法有效解决的，只有靠自己的作为，主动争取党委重视，加强领导，统一协调，才能真正保障群团组织整体联动的成功实施。要坚持以党建带群建为指导、以不断

创新工作机制为着力点，充分发挥工青妇等组织在联系特定社会群体、表达利益诉求、维护合法权益等方面的枢纽作用，主动承接、积极参与政府的各项公共服务职能，拓展参与社会公共事务管理的空间，进一步凝聚社会力量，推动形成多元社会主体参与社会建设和社会管理的良好格局。市委要明确一名领导同志分管群团工作，镇区以上党委常委会每年要专题研究群团工作，解决群团工作中遇到的突出问题；适时召开群团工作会议，重点研究解决街道、社区工青妇工作中带有方向性、原则性和全局性的重要问题，面对面解决基层工青妇工作中难题。各级党委要按照思想上重视、制度上落实、工作上支持的原则，切实加强和改进各级党委对工青妇工作的领导，进一步强化各相关部门的协作配合，把更多的资源和手段赋予工青妇组织，以改革创新精神推进工青妇组织队伍、制度和作风建设。这方面，东莞可以借鉴江门市以"市委常委项目"引导工青妇联动共建的做法，把一些影响较大、参与面广的全局性的创建活动上升为常委项目。由市委书记或常委牵头，工会、共青团、妇联等部门共同参与，每半年召开一次共建联席会议，通报情况、研究问题，形成市委牵头，各级各部门齐抓共管、纵横联动的格局。建立党群共建工作定期交流机制，这样可以改变过去党组织与群团组织单线联系的状况，实现党工青妇组织力量的有效整合。

二、以项目化的运作实现联动

项目运作就是工青妇等重点社团将各自内容相同或相近的工作项目进行整合，统一策划，共同行动，形成项目化经营、社会化运作、群众化推进的"大群团"工作格局。工青妇联动，项目化运行是关键。项目是取得社会关注、吸引资源注入的重要载体。"生命在于运动，组织在于活动"，"活动项目化，项目社会化。"我们应当充分肯定工青妇的活动优势，通过项目化包装，引入社会资源，提升活动水平，提高服务质量，实现工青妇事业的持续发展。工青妇多年的工作实践证明，项目化运作是整合社会资源的最佳方式。"希望工程""莞香花""白玉兰"是工青妇运作得很成功的名牌项目。这些项目的设计集中体现了"党政所想、社会所急、工青妇所能"，实现了社会资源的充分运用。项目实施多年来取得了巨大的社会效益，得到了社会的广泛认可，展示出强大的生命力，有着很好的发展前景。应该说，只要我们把活动设计好、项目包装好，找准了社会效益、经济效益、人才效益的结合点，必然能引起社会共识，必然能吸纳社会资源，打造出工青妇工作的精品和品牌。我们要善于通过设计符合时代特征、本地特色的工作项目，从项目的需求分析、创意策划、资源整合、目标制定、职责划分、过程管理、成效评估等各个环节强化过程控制，做到精心策划、精细管理，通过项目管理打造品牌项目，通过品牌项目带动工作全局。项目化的运作方式会因其强大的生命力而成为群团组织、中介组织的一种主要的、重要的工作方式。特别是要清楚认识市场经济条件下社会化、项目化方式对于工青妇工作的必要性和重要性，强化经济头脑，增强活动意识，牢固项目化理念，按照"源于社会，用于社会"的要求，注重市场法则与组织优势的结合，多渠道、多形式、全方位获取社会资源，高效率使用社会资源。工青妇选择优势项目，就是要实现"强强联合"，集中各个组织的人力、财力、物力、信息，把影响面广、牵动全局的重点活动做大做强。东莞可以将"金秋助学"、构建和谐劳动关系、异地务工人员服务、技能大赛、推动自主创业等项目作为联动共建的选择，即联合开展扶贫助教，资助弱势群体子女读书，对贫困家庭进行帮扶；联合开展执法检查、维权行动和专项调研，维护广大职工群众，包括青工、女工及外来务工人员的合法权益；也可以考虑将工人先锋号、青年文明号、巾帼文明岗合并为一个项目；把东莞市总工会的"金秋助学"活动、东莞市团委的"爱心助学"活动、东莞市妇联的"爱心父母助学"活动合并。东莞市可以借鉴四川省成立"群团组织社会服务中心"的做法，发挥"大群团"格局优势和群团组织联系社会组织的"枢纽"作用，更好地凝聚、影响、服务、协调社会组织，不断探索新形势下聚合社会组织力量参与民生工程、服务东莞经济社会发展的方法路径。服务中心主任应由市级群团部门相关负责人轮值担任，服务中心下设综合部、服务部、项目部三个部门，通过实体平台和网络平台加强与社会组织和志愿者的联系，提供法律和政策咨询、管理社会组织专项账户、承接政府购买社会服务项目专业指导等服务。总之项目的选择要从党政所需、群众所盼、自身所能出发，以构建大群团格局为目标，以能力建设为核心，以工作创新为动力，以"共建共享、联创齐争"为载体，充分发挥自身优势和作用，通过项目化运作实现共享资源、联动协作、联合创优。运作过程可以采取"一家牵头、多家配合"的联动模式，并在此基础上，不断探索群团联动新思路，不断总结群团联动新成果，使群团联动工作呈现人员联动日趋密切、资源整合日趋高效、效果叠加日趋明显的新面貌。

三、以建设"枢纽型"社会组织为契机促进联动

面对数量日益增多并且专业化越来越强的社会组织，工青妇等"准官方"社会团体如何保持活力、发挥自身优势、参与社会进程、助力社会建设呢？广东省第十一次党代会报告提出，要"创新人民团体的活动方式，构建枢纽型社会组织体系"。毫无疑问，"枢纽型社会组织"就是工青妇等群团组织转型的方向。所谓"枢纽型"管理体系，就是由包括人民团体在内的社会团体以及社会组织联合体取代政府部门作为业务主管单位，逐步成为同类别、同性质、同领域社会组织进行联系、服务和管理的大型联合性组织。这样做可以整合同类社会组织的资源，用"枢纽型"组织的大平台，将性质相同、业务相近的社会组织联合起来，把分散在行政部门的社会组织集中起来，通过科学引导、规范管理、培育能力，更加有效地利用政策和资源，使社会组织逐步承担和参与社会公共事务。建设枢纽型社会组织一方面要强化群团组织的带动和引领作用；另一方面也要发挥社会组织的自组织、自发展能力，群团组织改革并非成立新的财政预算单位，而是在现有条件下，政府资源适当向社会组织倾斜，同时工青妇等群团组织也动员社会资源进入社会组织中来，扩大社会组织的服务范围。

近年来，东莞市工青妇组织从自身职能出发，发挥优势、

服务大局、维护权益、服务群众，不断加强基层组织建设，在深入推进经济社会双转型、建设"幸福东莞"中确确实实起到了党委、政府重要助手的作用。东莞工青妇等群团组织要以品牌项目为抓手，以建设社区综合服务中心为契机，在建设枢纽型社会组织中工青妇等重点群团具备孵化、整合、服务和引领四项基本功能。工青妇等重点群团应在"枢纽型"社会组织建设中率先破局，党赋予工青妇等重点群团的政治属性，使其具有良好的社会公信力和动员、组织能力，比较容易整合各类社会资源参与社会组织管理，在载体、网络、品牌、人才等方面比其他社会组织更具独特优势。

我们可以借鉴顺德区的做法。顺德社会创新中心是全球首个以社会创新为主题，并以法定机构方式运作的社会创新机构，是推进社会管理和公共服务创新的综合性、枢纽型平台。该中心把总工会、共青团、妇联等人民团体的部分社会服务功能整合到一起，实现资源共享，联合开展各种社会创新活动，着力培育社会组织、扶持社会企业、研究社会问题、开展社会实践、促进社会参与、培养社会人才，构建区、镇街、社区三级社会服务体系。对拓宽社会管理服务新视野与新思路，探索枢纽型社会组织打造，转变政府职能，提供优质、精细化服务具有重要的促进意义。东莞应认真学习借鉴顺德区社会创新中心的成功做法，根据东莞市社会建设工作实际，整合社会力量，充分利用行政和社会两种资源，推动社会组织去行政化和去垄断化，谋划建立东莞市社会创新中心，加大社会组织培育发展力度，促进社会建设工作不断向前发展。

东莞市工青妇等重点群团应该以建设枢纽型社会组织为契机不断拓展联动内涵：一是加强纵向沟通与协调，让上下级群团组织联动起来。二是加强横向沟通与协调，让群团组织与其他党政机关联动起来。三是发挥枢纽型社会组织引导作用，让群团组织与社会组织联动起来。作为枢纽型社会组织，群团组织的联动必须要体现示范性和引导性。要发挥凝聚、动员、引领社会组织的作用，只有把社会组织紧密团结在枢纽型社会组织的周围，才能最大化地发挥枢纽型社会组织在社会管理体系中的作用。四是整合资源，让群团组织内部联动起来，有效整合群团内部资源。

四、联动的形式

工青妇是群众组织，具有纵横交错的网络，不同层级和性质的工青妇组织联动具有不同的重点和运行模式，其组织基础和机制也不尽相同，应该采用不同策略和方式。

（一）要夯实基层联动

当前工青妇的基层组织和工作，出现了明显的"边缘化"危机。而与之相对的现实状况是"两新"组织迅猛发展，城市流动人口剧增，各界群众需求多元化、多样化特点日益突出，社会管理工作中组织、联系和服务群众的领域不断扩大，迫切需要各类社会组织特别是工青妇等重点群团组织协同参与社会管理。在工青妇工作不断下沉过程中，工青妇组织要做好纵向联动和横向联动，充分发挥枢纽型社会组织的作用，同时针对基层的不同情况，采取不同的策略。

第一，在村（居）委会和规模较小的企业可整合团工委、工会和妇联三个组织，成立"群工科"，使原来各自为政的三个组织资源得到整合，推动基层群团组织联动机制的建立。

第二，加强非公企业、新社会组织党建工作的同时，积极推进党群一体化建设，探索建立党工团妇"四位一体"联动共建机制。工青妇按照"党建带群建"的要求，在新组建的非公企业中，组建工会组织的同时，要求同时组建妇联组织、团组织，实现群众团体组织共同覆盖。在机构设置、人员选配中，妇委会主任可同时兼工会女工会主任，配备一名年轻的工会副主席兼任团委书记，合署办公，共享资源，互推工作，促进职能作用发挥。

第三，借"先锋号""莞香花""白玉兰"等服务平台与基层群众自治平台对接联动及网络服务平台与群众虚拟空间对接联动之机，工青妇等团体分别团结带领一批社会组织，各级干部分别团结带领一批群众骨干，同时在对接过程中加强工青妇等的沟通和合作。

第四，加强基层组织的活动阵地建设和人才资源建设，善于综合利用现有各类资源，实现资源共享共用。例如，把各基层单位的党员活动室建设与"职工之家""团员之家""妇女之家"建设统筹规划，合并功能，做到一"家"多用。

（二）要主抓镇区联动

东莞的镇区规模、经济总量和服务范围与内地的一个地级市差不多。东莞外来人口及企业众多，但工青妇具有人手少、独自开展的活动规模小、声势弱的老大难问题，镇区工青妇组织原有的工作体系和模式已难以适应实际需要。新形势给群团工作带来深刻影响，群团组织面临党群信任危机的困境。针对群团组织的艰难现状，应通过群团工作重心下移、职能下延，倒逼群团干部走出机关，主动作为、重拾信心；整合群团组织力量资源，实现为群众办好事、办实事的目的。

东莞要以建设"社区综合服务中心"和"社区政务中心"为载体，打造党妇工团"四位一体"组织联动共建模式，充分发挥组织的战斗堡垒作用，围绕党的中心工作，充分发挥党妇工团的互动作用，形成以党组织为核心，妇工团为纽带的"工作互促、活动互融、资源共享"的新局面。党支部坚持"组织带、思想带、工作带"为主的"三带"活动，使妇联、团委、工会成为创新活力的群体。实行交叉任职，在组织上保证党妇工团协调联动。通过组织共建、活动共办、资源共享等形式融为一体，形成合力，共同推进。

"社区综合服务中心"和"社区政务中心"整合了各方资源，搭建了综合服务平台，把社会管理职能、公共服务职能有机地结合起来，使基层社会服务和社会发展有了新的载体和实现形式。镇区工青妇联动具有一定的基础，最关键的是建立联动的镇区联动的长效机制，变被动联动为主动联动，变临时联动为计划联动，变围绕主题节日活动的联动为项目联动，建立联动平台。群团组织要充分发挥各自的职能优势，积极配合，联手打造联动平台。

（三）要发展市级联动

市一级联动由于涉及面较大、人员少，联动主要是在共同的工作对象和工作项目上发力，齐抓共管，有效整合资源的联动基本没有。因此东莞的市一级工青妇组织应该主要是在机制建设、项目设计、联动组织和平台建设以及指导镇区和基层联动建设方面下功夫。工青妇组织应注重资源整合，做到活动联办、信息互通、资源共享，不断提高组织资源、人才资源和信息资源的整合水平和利用效率：一是努力将市工青妇组织当前开展的一些主题活动有机结合。例如，将市总工会开展的特困职工救助活动与团市委实施的"希望工程"和市妇联组织的资助特困家庭、单身母亲活动相结合，互相配合、互相支持，扩大活动的规模、影响和效果。二是统筹制度建设，形成工青妇组织建设的长效机制。三是指导好镇区和基层组织的联动。四是做好有关的平台建设指导。五是做好联动宣传工作。

第四节　东莞市工青妇等重点群团组织
联动共建的主要内容

群团组织具有许多共性，具备联动的基础。通过建立联动机制，发挥整体作用具有很强的可行性。创新东莞市工青妇联动共建的合作模式，建立群团组织上下联动、横向协调的工作新格局，必须建立工青妇等重点群团联动共建的长效机制。

一、制度建设

联动共建的制度建设是最重要的内容。东莞应出台《东莞工青妇等重点群团组织联动共建实施意见》，从而建立规范化、程序化、长效化的制度保障。这方面东莞市可以参考青海省的做法。青海省由总工会、团省委、省妇联、省科协、省残联、省红十字会六家群团组织联合印发了《构建青海省群团组织联动工作机制的实施意见》，该《实施意见》提出构建群团组织联动工作的四大平台，即发挥群团组织聚合带动作用，构建推动科学发展的工作平台；发挥群团组织民主参与和民主监督作用，构建推动社会主义民主法治建设的工作平台；发挥群团组织维护群众合法权益作用，构建维权和帮扶困难群体的工作平台；发挥群众组织国家政权重要社会支柱作用，构建社会和谐稳定的工作平台。同时上述《实施意见》提出了六项工作措施：一是建立健全群团组织源头参与制度；二是建立健全群团组织联席会议制度；三是建立健全群团组织联动人才保障制度；四是建立健全群团组织联动工作经费保障制度；五是建立健全群团组织联动工作监督检查制度；六是建立健全群团组织联动工作宣传制度。东莞应认真学习和借鉴青海通过立规保障联动共建的做法，通过相关规定确立东莞工青妇联动共建的组织机构、工作机制和保障措施。

二、组织建设

联席会议制度是群团组织整合资源的摇篮和孵化器，建立东莞工青妇等重点群团组织联席会议制度势在必行。新形势下，群团组织要进一步在探索联动的工作机制上下功夫，成立群团组织联动工作领导小组，定期召开联席会议。由分管群团工作的领导牵头，围绕党委政府中心工作；领导小组成员单位由相关职能部门及工青妇等群团组织共同组成，主要负责收集群团组织所反映的热点难点问题，定期听取工作汇报。就群团组织工作的一些共性问题、重要问题进行研究、策划、布置，达成共识，共同作为。实践中，应先建立市级群团部门联席会议制度，并实现制度化、常态化运作，然后逐步延伸至镇街一级。

三、联动平台建设

东莞市工青妇等重点群团组织要努力实现群团组织相互促进、共同发展的目标，畅通群团组织间的信息沟通、重要情况通报和工作交流渠道，整合资源，优势互补，共同打造更有实效和社会影响力的品牌项目和大型活动。

活动是群团组织的生命，建立联动的工作平台是整合资源的关键。因此，紧扣中心工作，结合群团组织各自的工作职责，找准服务大局、服务社会的切入点和结合点，精心构建一系列具体工作项目的工作平台，是整合群团资源工作的核心所在。群团工作既有共性又有个性，可将内容相同或相近的工作项目进行整合，统一策划，共同行动，形成声势。具体可从以下几个方面加以考虑：

第一，构建维护权益联动平台，实施群团组织维护权益统一行动。全市工青妇组织在推进工资集体协商工作中要统一行动，整合和优化各个群团组织的维权工作网络，最大限度地维护群众的合法权益。首先，为有效整合维权工作网络，可以将工会与同级政府联席会议制度、与企业平等协商集体合同制度及共青团、妇联、残联的维权岗、维权热线、法律援助中心集中起来，将各自的维权工作网络打通，形成触角遍及各个群体的网络，及时化解群众矛盾，维护社会和谐稳定。其次，要探索构建集利益协调、诉求表达、矛盾调处、权益保障为一体的维权机制，如完善已有的接访制度、调研通报制度、专报制度，通过各种渠道和方式了解、掌握不同利益群体的意见、呼声和疾苦，加强对群众关心的热点、难点问题的研究，积极向相关部门表达意见和建议，保证群众有问题能够有地方反映、能够有地方受理、能够有地方解决。最后，坚持关口前移、突出重点、整合资源、依法维权，促进维权服务的制度化、规范化和长效化。

第二，要构建送温暖献爱心联动平台。首先，在助学方面可以将工会的金秋助学、共青团的希望工程及爱心助学、妇联的爱心父母助学活动等进行整合，统筹安排，统一行动，形成声势。其次，可将送温暖活动进行整合。对孤残、特困职工、特困党员、农村困难妇女等困难群体在资金、信息、技术等方面进行扶持，打造关爱弱势群体的强大工作平台。

第三，搭建群团组织联动宣传平台。利用多种媒体对工青妇组织参与社会建设的情况进行宣传报道，定期系统介绍群团组织各项工作的推进情况、特色亮点和典型经验。

第四，构建就业创业联动服务平台。将东莞市新生代产业工人"圆梦计划"、妇联的妇女灵活就业及工会的下岗职工再就业工程进行整合，实现信息、资金、扶持政策的共享，在有关部门的支持下，着力开展培训工作，提高技能，为失业人员、创业群体提供切实有效的帮助。

第五，构建创优联动平台。通过联席会议制订创优活动的总体方案，加强宣传、组织实施、总结评价、考评激励等环节的科学性。在制订总体方案时，可将东莞市工会系统开展的争创"东莞市工人先锋号"活动、共青团开展的"青年文明号"活动及妇联开展的"东莞市巾帼文明岗"活动整合起来。

第六，以"普法"工作为载体，群团组织可在民主法制教育、民主参与和民主监督方面共建工作平台。实践中，可以联合策划确定统一的活动名称、活动主题、活动内容，可采取集中宣传、学习培训、座谈会、知识竞赛等形式，定期进行普法工作。

四、保障机制建设

第一，建立健全群团组织联动人才保障制度。加大群团干部交流、轮岗和挂职锻炼力度，为群团干部成长创造条件。

第二，建立健全群团组织联动工作经费保障制度。在科学界定、主动承担联动工作经费的同时，积极争取各级政府有关部门进一步加大重点项目经费支持力度。

第三，建立健全群团组织联动工作监督检查制度。成立群团组织联动工作监督检查小组，实现群团组织联动工作监督检查的制度化、经常化。

第四，建立健全群团组织联动工作宣传制度。为群团组织联动工作深入推进营造良好的舆论氛围。

综上所述，整合群团资源，调整群团组织发展思路，建立联动工作机制，合力搭建联动共享的平台，充分发挥整体作用，集中精力、集中资源办大事是对群团组织发展的有益探索，也是群团组织共同发展的一种趋势。群团组织既是党"最贴心、最忠诚、最得力的助手"，又是党和职工、青年、妇女等各界群众的"联系带、黏合剂、润滑油"。按照"集中力量办大事、统一行动求实效"的要求，通过力量整合、资源整合，产生"1+1+1>3"的效果。东莞市群团组织应发挥协作效应和资源互补效应，实现"强强联合"，集中各个组织的人力、财力、物力、信息，把影响面广、牵动全局的重点活动做大做强，体现群团组织特有的组织优势、人才优势，展示群团组织大型活动的实力和水平，有利于提升东莞市群团的整体形象。

工青妇等重点群团组织要改变过去单兵作战的方式，突出重点，整合优势，在维权、献爱心、就业创业服务、道德教育等项目上进行组织间的合作，在打造品牌上下功夫，积极搭建联动平台，实现资源的有效整合，提高群团组织整体实力。工青妇等重点群团组织是社会协同管理的重要角色，是加快推进社会管理和创新的最可靠、最可信、最强大的承接载体和执行主体。新形势下，工青妇等重点群团组织如何进一步创新体制机制，充分发挥枢纽作用，探索加强社会管理和创新的有效途径和实现手段，是其新时期面临的一个重要任务。群团组织作为国家政权的重要社会支柱、党的群众工作的主要依靠，在代表群众、联系群众、服务群众方面具有独特优势，是加快推进社会建设和社会管理创新的承接载体和执行主体，在表达群体利益、反映群众诉求、维护群众合法权益、服务和培育多元社会主体参与社会建设并实现社会协同管理等方面，发挥着枢纽性重要作用。工青妇等重点群团组织也是推进社会管理创新的重要有生力量，只有党政重视、群团联动、自强自新，才能充分发挥其党联系群众的桥梁纽带作用，更好地服务社会群体、促进社会和谐，在推动社会管理创新中真正有作用、切实有作为，形成共建共享、联创齐争的良好局面。

第六章

东莞应急志愿者动员与组建机制研究

引 言

　　应急志愿者是现代社会高度发展和高度文明以及伴生的高度风险社会的产物。我国目前没有关于应急志愿者动员与组建的法律，只有部分省、市出台了相关的地方规定。例如，广东省于2010年率先出台了《广东省应急志愿者队伍组建方案》和《广东省应急志愿者管理办法（试行）》，开始组建具有广东特色的应急志愿者队伍。东莞市根据广东省统一要求，已经开始了东莞市应急志愿者的组建。为加快东莞市应急志愿者队伍建设，动员公众力量有序、有效参与应对突发事件，2011年1月东莞市建立了市应急志愿者服务工作联席会议。市应急志愿者服务工作联席会议召集人员包括市政府副秘书长和市政府应急办主任，成员来自团市委、市文明办、市教育局、市科技局、市公安局、市国家安全局、市民政局、市财政局、市国土资源局、市环境保护局、市住建局、市交

通运输局、市水务局、市农业局、文广新局、市卫生局、市
质监局、市安监局、红十字会、市地震局、市气象局、东莞
报业传媒集团、广东电网公司东莞供电局、中国电信东莞分
公司、中国移动东莞分公司、中国联通东莞分公司。联席会
议不纳入市级议事协调机构管理，办公室设在市政府应急办。
同时按照 2010 年《东莞市综合应急救援办法（试行）》，东
莞市应急志愿者队伍要按照《广东省应急志愿者队伍组建方
案》组建，不断完善组织、培训、考核、调度、补偿等相关
制度。东莞市综合应急救援工作由市政府统一领导，由市政
府应急办负责统筹、监督和指导，建立"综合协调、分类管
理、专兼结合、统一调度"为原则的应急救援体制，建立健
全东莞市综合应急救援体系，同时建立健全应急救援资源数
据库，并及时更新。

《东莞市综合应急救援办法（试行)》规定了东莞市应急
志愿者的组建与动员的依据，但就如何组建东莞市应急志愿
者队伍，如何招募、培训、动员、组建管理、保障应急志愿
者的利益尚没有出台具体的细则，也没有全面开展应急志愿
者的招募和应急志愿者队伍的组建。在这种情况下，了解应
急志愿者动员与组建机制的一般内容，借鉴西方国家应急志
愿者动员与组建机制的经验，研究我国应急志愿者动员与组
建机制的发展，熟悉广东省有关规定以及广东省其他地方应
急志愿者组建和动员的实践，结合东莞市实际，提出东莞市
应急志愿者动员与组建的对策和做法具有重要的理论和现实
意义。

"应急志愿者"是指在依法成立的应急志愿者组织注册

登记，按规定参加应急知识、技能等培训和相关演练，具备按规定参与应急救援等应急管理工作相关能力的志愿者。应急志愿服务是一项比较特殊的志愿服务工作，它具有一定的急迫性、危险性和专业性，对志愿者本身的素质要求也比较高。应急志愿者与普通志愿者一样，有自己的工作，不一样的是他们应该接受训练，一旦有需要，应急志愿者可以马上投入应急救援工作中。应急志愿者动员与组建机制是应急机制的重要组成部分，动员与组建机制包括志愿者的培养、组织、发起、动员及管理。

第一节　应急志愿者动员与组建机制的一般内容

一、应急志愿者的种类和所需的专业条件

（一）应急志愿者的动员和组建需要一系列的配套措施

对于应急志愿者的动员和组建机制，在 2009 年中国应急志愿服务论坛上，来自中国社会科学院的沈杰先生认为：

（1）需要建立一个协调统筹的体系。志愿者是一个社会动员的形式，是行政化、社会化和资源化的合力。

（2）应该建立类型比较齐全的专业化的应急志愿者队伍。

（3）应急志愿者需要专业化和专业层次。

（4）要有完善的管理体制和运行机制。

（5）专业培训和演练必不可少。

（6）应急志愿服务工作分类。根据灾害的分类和分级标准来确定应急志愿服务工作的分类，越危险的工作，应该越专业化。

（7）应急志愿服务的预期和预案。

（8）必要的激励机制。

（9）建立一套志愿服务的法律保障体系。

可见应急志愿者的动员和组建需要一系列的配套措施、做法和法律保障。

（二）应急志愿者的种类和所需的专业条件

明确应急救援服务内容是组建应急志愿者队伍和对应急志愿者进行专业分类的依据。一般认为应急志愿者的种类和所需的专业条件有十一类：

（1）消防救援：具备消防、防化等从业经历或相关技能，退伍军人优先。

（2）水上救援：具有游泳、水上救援等经历或技能，具有初级救生员及以上证书。

（3）卫生防疫：具有卫生防疫等专业经历或相关技能，具有从业许可证。

（4）医疗救护：具有医务、护理、急救等从业经历或相关技能，具有从业许可证。

（5）无偿献血：具有无偿献血专业知识技能，熟悉无偿献血工作流程，有无偿献血经验。

（6）交通管理：具有交警、交通协管员等基本交通管理知识技能或经历等。

（7）治安防范：具有军人、民兵、民警、保安等经历。

（8）交通运输：具有驾驶特种机械车的能力和经历，拥有客车、越野车、特种机械车辆优先。

（9）新闻宣传：具有一定的新闻采编、网站建设和网络管理能力，有摄像摄影专业器材优先。

（10）防震减灾：具有防震专业知识技能，曾参与抗震救灾志愿服务经历者优先。

（11）心理援助：具有心理咨询从业经历或技能，获得国家心理咨询师证书者。

从救助主体的角度，灾害应急救援体系可以分为专业应急救助体系、应急志愿服务体系、灾民自救体系及国外援助机构的临时介入。不同救援体系的救援能力在专业化、专业类型和资源动员能力方面有区别。其中，专业救助机构的专业化程度最高、应急志愿服务组织次之。《广东省应急志愿者队伍组建方案》规定了应急志愿者工作职责：参与应急知识宣传普及，参与突发事件隐患排查，参与信息报告工作，参与应急救援，参与灾后重建。

二、应急志愿者的动员与组织机构和管理平台的组建

（一）应急志愿者的动员和组建的组织机构

2007 年《突发事件应对法》规定县级以上人民政府及其有关部门可以建立由成年志愿者组成的应急救援队伍。各单位应当建立由本单位职工组成的专职或者兼职应急救援队伍。县级以上人民政府应当加强专业应急救援队伍与非专业应急救援队伍的合作，联合培训、联合演练，提高合成应急、协同应急的能力。可见我国法律确定的应急志愿者的动员和组

建管理主体为各级人民政府。《广东省应急志愿者队伍组建方案》则明确规定成立省应急志愿者服务工作联席会议负责应急志愿者队伍组建。省应急志愿者服务工作联席会议由省政府分管副秘书长任召集人，省政府应急办主任、团省委分管副书记任副召集人，省文明办、省教育厅等 26 个单位负责同志为成员。联席会议办公室设在省政府应急办，负责联席会议日常工作。各地级以上市、各县（市、区）参照执行。按照《广东省应急志愿者队伍组建方案》，东莞市组建了本市应急志愿者服务工作联席会议。

（二）应急志愿者动员和组建的管理平台

应急志愿者的动员和组建还需要一个先进的管理平台。在美国，这个组织是国家灾害志愿者行动组织（NVOAD），它是由志愿者组织和非政府组织组成，国家、州和地方各级共同为其提供了一个平台。这些组织可以在这里分享知识和资源，这个过程贯穿于整个灾害救援周期，即从准备、应急服务到帮助幸存者恢复正常生活和社区重建的整个周期。国家灾害志愿者行动组织成立于 1970 年，在此之前，众多的灾民服务志愿组织之间是相互独立的，各组织以各自的方式为受害者提供帮助，并且带有随意性。该组织在政府负责救灾的机构、联邦应急管理机构和志愿者组织之间起到了接口作用。

德国在公民保护与灾难救援署成立"共同报告和形势中心"。该中心以 deNIS II 信息系统作为技术支持，建立德国应急管理统一指挥平台，联邦政府各机构、州政府的内政部门、危机控制部门、非政府的援救机构以及欧盟、NATO 等国际机构都可以直接联入 deNIS II 系统，通过 deNIS II 系统向

"共同报告与形势中心"报告事故和灾情。deNIS II 系统通过一个"传达"按钮向一个或所有与系统相联的用户发送有关灾情的电子信息。同时所有与 deNIS II 系统相连接的用户，都能够在他们的态势图上看到事故或者灾难波及的影响范围。德国通过 deNIS II 系统加强了联邦政府各部门之间、联邦与各州之间以及德国与各国际组织间在民事保护与救援中的合作。[1] 2010 年中国的"友成应急专业志愿者"行动计划标志着民间应急专业志愿者动员体系的启动，旨在全国范围内建立一个民间力量参与紧急事件的平台和培训体系、动员和参与体系。这个计划由友成企业家扶贫基金会和中国社会工作联合会志愿者工作委员会联合主办，愿意成为应急志愿者的人都可以到这个平台上注册报名，形成一个数据库。在这个数据库，爱心人士可以获得一些应急救援知识；条件成熟时甚至可以组织演练。"友成应急专业志愿者"行动计划仅是一个开始，也是民间应急专业志愿者动员体系的范例，为动员应急志愿者和组建管理平台提供了一些经验。[2]

三、队伍建设的内容

（一）应急志愿者队伍建设的内容

应急救援是一项紧迫性、危险性、专业性极强的工作，不但要求志愿者具有奉献精神，而且要有专业的救援知识和技

---

〔1〕 昌业云：《德国专业化应急救援志愿者队伍建设经验及其借鉴》，载《中国应急管理》2010 年第 8 期。

〔2〕《我国计划成立民间专业志愿者参与紧急事件的平台》，载 http：//finance. sina. com. cn/roll/20090423/19572804749. shtml。

能，以提高救援的有效性。应急队伍建设一般包括如下内容：

1. 招募应急志愿者

应急志愿者队伍建设的第一步是找到合适的志愿者来完成应急救援工作，这一步被称为"招募"。目前广泛使用的招募途径有书面报名和网络报名，由于应急志愿者需要一定的专业知识，因此招募可以是有针对性的展开。广东招募的应急志愿者分为自然灾害、事故灾难、公共卫生、社会安全、综合管理五类。

2. 应急志愿者的注册与分类

应急志愿者队伍建设的第二步是对应征的潜在志愿者进行认定。认定工作包括筛选和面试两个环节。在初期筛选时可以参阅志愿者申请表，审查申请者的相关背景信息，以初步判断申请者是否具有所申请工作的必要经验和技能。通过全部筛选要求的潜在志愿者可以进入面试。专业志愿者一般要求具有相应的专业技能和执业证书。根据参与突发事件应急救援等的经验和专业能力，每类别应急志愿者分为初级、中级和高级三个级别。其中初级可以参与较大以下突发事件应急救援；中级可以参与重大以下突发事件应急救援；高级可以参与任何突发事件应急救援。志愿者管理机构应给志愿者发放相应证书，建立志愿者信息库。

3. 应急志愿者的培训

培训包括专业救援队的专业培训和一般志愿者的应急救援知识培训。专业培训有标准和规范，德国技术救援署对技术救援志愿者的培训方式、培训内容、培训时间都作出标准化、规范化的规定。技术救援志愿者的培训分三个层次：第一层次是基本培训，第二层次是专业技术培训，第三层次是指挥培训。培训方式主要包括虚拟模拟、三维灾情展示、演练等。一般培训就是培训公民的应急能力，接受应急教育，获得一些应急救援的知识，条件成熟时甚至可以组织演练。一旦发生突发事件，就可以在这个数据库里招募志愿者，根据志愿者的学习背景和工作经历，迅速形成一个有战斗力的民间救援团体。

4. 应急志愿者的监督和权利保障

《广东省应急志愿者队伍组建方案》中有关应急志愿者的监督和权利保障主要包括：给应急志愿者购买人身意外伤害保险，视情况适当给予补助；定期对应急志愿者进行评比表彰。应急志愿者的监督和权利保障是保证应急志愿者合法利益和激励应急志愿者的重要机制。

（二）应急志愿者动员与组建的外部条件

应急志愿者动员与组建不仅仅是应急队伍建设的内部机制，还必须包括法律保障、政策支持、经费支持、以数据库为平台的信息系统建设在内的外部条件。

第二节　我国应急志愿者动员与组建机制的现状

一、我国有关应急志愿者动员与组建机制的现状分析

社会力量参与应急工作，乃是政府领导下的全社会应急机制的重要组成部分、重要基础因素以及调和因素。志愿者、

志愿服务组织、慈善机构等社会力量在汶川地震救援和灾后重建中的积极作用有目共睹，成为政府应急的重要补充。

（一）应急志愿者动员与组建是一个亟待研究的课题

中国社会科学院的沈杰先生在 2009 年"中国应急志愿服务论坛"会议上把现代社会的风险归为四类：第一类是自然风险。自然风险也是传统社会里最常见，或者说最典型的风险，如地震、旱灾或者风暴。第二类是现代化所带来的最重要的风险，即环境风险。环境风险是一种新型风险，如温室效应、全球变暖、沙漠化、核泄漏等。第三类是人造环境风险。现代化以后，我们很少生活在自然的环境里，而是生活在人造的环境里，年久失修，或者豆腐渣工程都是人造环境的风险。第四类是社会风险，即社会矛盾非常突出。以前我们应对危机或者进行风险管理时，采用的是传统模式，那么在风险时代和风险社会，我们进行社会管理和应对危机的形式需要相应的变革。风险的突发性以及灾难性都使得各国越来越关注对风险的应对，突发公共事件使得应急管理异常重要，而应急志愿救援纳入到应急救援以及应急志愿者运动深入则是与公民化社会的发展，权利、义务的法律观念和人道、博爱的精神已经成为主流社会价值观念的形势伴生伴长的。[1] 鉴于志愿者在紧急事态管理中的不可替代性，西方国家十分重视志愿者及其组织在应急管理中的作用，有的国家还在应急体系中赋予其重要使命，使其成为政府机构之外的

---

[1] 杨桂英：《中国应急志愿者队伍建设初探》，载《河南理工大学学报（社会科学版）》2008 年第 4 期。

又一重要应急力量。就我国而言，"非典"以及汶川地震显现了现代中国风险灾难的突发性以及应对的重要性，而其中志愿者的参与热情则凸显了中国人公民意识和人道精神概念的喷发，因而如何进行应急志愿者动员与组建就成为一个亟待研究的课题。

（二）我国有关应急志愿者动员与组建机制的发展历程

2006年我国编制《国家突发公共事件总体应急预案》，该预案提出动员社会团体、企事业单位以及志愿者等各种社会力量参与应急救援工作。之后，国务院出台《关于全面加强应急管理工作的意见》，该意见明确加强应急救援队伍建设；规定逐步建立社会化的应急救援机制，大中型企业特别是高危行业企业要建立专职或者兼职应急救援队伍，并积极参与社会应急救援；研究制定动员和鼓励志愿者参与应急救援工作的办法，加强对志愿者队伍的招募、组织和培训。2007年我国颁布《突发事件应对法》。2009年国务院办公厅《关于加强基层应急队伍建设的意见》提出要通过多种渠道，努力提高基层应急队伍的社会化程度。

（三）我国应急志愿者动员与组建机制的发展及现状分析

我国已经初步形成了以《突发事件应对法》为核心的应急法制体系，但没有关于应急志愿者动员与组建的专门立法，有关应急志愿者的一些规定散见于有关法律、法规中。

第一，明确了政府在应急队伍动员和组建中的主导作用。《突发事件应对法》第26条第2款规定：县级以上人民政府及其有关部门可以建立由成年志愿者组成的应急救援队伍。单位应当建立由本单位职工组成的专职或者兼职应急救援队伍。第 48 条规定：突发事件发生后，履行统一领导职责或者组织处置突发事件的人民政府应当针对其性质、特点和危害程度，立即组织有关部门，调动应急救援队伍和社会力量，依照本章的规定和有关法律、法规、规章的规定采取应急处置措施。

第二，明确了应急志愿者队伍建设是应急救援社会化的途径。2009 年国务院办公厅《关于加强基层应急队伍建设的意见》提出坚持专业化与社会化相结合，明确应急志愿者动员与组建是应急管理社会化的主要途径。在完善专业救援队伍的同时，积极动员社会力量参与应急工作。通过多种渠道，努力提高基层应急队伍的社会化程度。《突发事件应对法》第 11 条第 2 款规定：公民、法人和其他组织有义务参与突发事件应对工作。

第三，规定了基层单位包括街道、乡镇、企事业单位、共青团和红十字会在应急志愿者队伍建设中的作用。一是发挥街道、乡镇等基层组织和企事业单位的作用，建立群防群治队伍体系，加强知识培训；二是鼓励现有各类志愿者组织在工作范围内充实和加强应急志愿服务内容学习，为社会各界力量参与应急志愿服务提供渠道；三是有关应急管理部门要发挥各自优势，把具有相关专业知识和技能的志愿者纳入应急救援队伍；四是发挥共青团和红十字会的作用，建立青年志愿者和红十字志愿者应急救援队伍，鼓励社团组织和个人参加基层应急队伍。

第四，明确了应急志愿服务内容，充分开展科普宣教和辅助救援工作。

第五，提出了应急志愿者组建单位要建立志愿者信息库，并加强对志愿者的培训和管理。地方政府根据实际情况对志愿者队伍建设给予适当支持。

第六，关于应急志愿者的动员。《突发事件应对法》第55条规定，突发事件发生地的居委会、村委会和其他组织应当组织群众开展自救和互救，协助维护社会秩序。这是有关应急志愿者社会动员机制的原则性规定，即提高全民危机意识，加强能力建设，建立健全社会成员参与应对突发事件的机制。但《突发事件应对法》没有规定政府引导、协调社会成员参与应对突发事件的权限和程序，更没有关于应急志愿者的保障措施。

二、广东省应急志愿者动员与组建机制的特色分析

（一）广东省应急志愿者动员与组建机制的发展

《广东省突发事件应对条例》和中共广东省委、广东省人民政府《关于进一步发展志愿服务事业的意见》都明确了完善社会动员体系，推动公众力量有序、有效、有力参与应对突发事件。2010年12月出台了《广东省应急志愿者管理办法（试行）》，确定了《广东省应急志愿者队伍组建方案》，该方案明确了广东省应急志愿者动员与组建机制的基本框架，初步形成了具有特色的广东省应急志愿者动员与组建机制。

（二）广东省应急志愿者动员与组建机制的主要内容

1. 界定应急志愿者的性质

"应急志愿者"是指在依法成立的应急志愿者组织注册登记，按规定参加应急知识、技能等培训和相关演练，具备

按规定参与应急救援等应急管理工作相关能力的志愿者。

2. 确定应急志愿者的组织机构

成立省应急志愿者服务工作联席会议，由省政府分管副秘书长任召集人，省政府应急办主任、团省委分管副书记任副召集人，省文明办、省教育厅等 26 个单位负责同志为成员。应急志愿者服务工作联席会议办公室设在省政府应急办，负责日常工作。各地级以上市、各县（市、区）参照执行。

3. 明晰应急志愿者招募条件

具体包括：一是遵纪守法，服从应急志愿者服务组织的管理；二是 18 周岁以上，身体健康；三是热爱志愿服务事业，具有奉献精神；四是保证参加应急培训和演练，具备与所参加的应急志愿者类别相关的基本素质；五是严格履行工作职责，自觉遵守各项规章制度。

4. 规定应急志愿者工作职责

具体包括：一是参与应急知识宣传普及；二是参与突发事件隐患排查；三是参与信息报告工作；四是参与应急救援；五是参与灾后重建。

5. 对应急志愿者进行分类

应急志愿者分为自然灾害、事故灾难、公共卫生、社会安全、综合管理五类，每类别又分为初级、中级和高级三个级别。其中初级可以参与较大以下突发事件应急救援，中级可以参与重大以下突发事件应急救援，高级可以参与任何突发事件应急救援。

6. 明确应急志愿者的管理制度

规定了应急志愿者的来源、条件、分类、申请、审核；

明确了应急志愿者的权利与义务；规定了应急志愿服务内容；规定了应急志愿者的管理与调用。

（三）具有特色的广东省应急志愿者动员与组建机制的创新

1. 创新应急志愿服务的组织动员方式

充分借鉴国内外先进经验，结合广东省实际，创新应急志愿服务的组织动员方式，打造一支着装统一、训练有素、服务专业、经验丰富、反应迅速、覆盖全省的应急志愿者队伍，确保"召之即来，来之能战"。对于招募、分类、管理等的规定都是我国首创。

2. 创新应急志愿服务的管理制度

主要内容包括：①培训演练制度：应急志愿者要按规定参加分类别定期组织的培训和演练。参加培训和演练实行登记制度，并适当给予补助。②考核定级制度：应急志愿者的定级、晋级，采用考核的方式确定。③调用补偿制度：应急志愿者按规定参与应急工作实行登记制度，并购买人身意外伤害保险，视情况适当给予补助。④评比表彰制度：定期对应急志愿者进行评比表彰。⑤背景审查制度：境外人员要求参加应急志愿服务的，要做好登记备案和背景审查。

3. 创新了应急志愿者的激励机制

比如，鼓励各类学校在同等条件下优先录取有应急志愿服务经历且表现突出的学生，特别是各类大学中与应急管理相关的专业；鼓励各单位在同等条件下优先录用有应急志愿服务经历且表现突出者，特别是与应急管理有关的岗位。规定了应急志愿者的奖惩与应急志愿服务的经费保障，开展应急志愿服务所需适当工作经费通过财政补助、社会捐赠等渠道解决。

4. 创新了应急志愿服务的管理体制

规定县级以上人民政府应当建立应急志愿者服务工作联席会议制度，负责制定应急志愿者服务发展规划，统筹、协调、指导应急志愿者队伍培训、演练，参与应急救援等活动，总结推广应急志愿者服务经验等。各级应急管理办事机构负责联席会议日常工作。志愿者联合会负责应急志愿者的招募、培训演练、考核定级、表彰等日常管理工作；联席会议其他成员单位按职责分工，对应急志愿者服务工作进行业务指导，协助做好应急志愿者培训、考核、级别评定等有关工作。

（四）广东省应急志愿者动员与组建机制存在的主要问题

广东省相关规定未对专业志愿者和非专业志愿者进行区分；未对志愿者培训作出具体规定；未对应急志愿者的奖励作出具体规定；未对应急志愿者在参加应急救援过程中的损害赔偿作出规定；未对应急平台建设作出规定。

第三节　东莞应急志愿者动员与组建机制的作用

一、重要性分析

（一）应急志愿者作用的一般分析

在国外，志愿者参与应急救援工作的领域十分广泛，从应急救援知识宣传和普及，到预警预测、信息报告及事后的恢复重建，再到直接参与应急响应和紧急救援。

应急状态下需要提供以专业应急志愿者为主、非专业应急志愿者为辅的应急志愿服务。专业应急救援志愿者队伍应掌握某一领域的专业技能或经过相关的应急技能培训，才能在危险时刻担当起光荣使命，提高应急救援的时效性。非专业应急志愿者队伍则主要参与应急救援工作的外围环节，在应急事件中发挥辅助作用，配合实施应急救援。非专业志愿者队伍参与应急救援工作的外围环节主要是指进行科普知识、防灾减灾知识、自救互救知识的宣传推广，还可以在搜集、传递和共享信息以及安全巡护方面做出应有的贡献。在较大规模的应急事件中，非专业应急志愿者队伍可以配合专业应急志愿者队伍进行一些抢险和救护工作。专业应急队伍与非专业应急队伍可以优势互补，对突发事件的应对和处置将会产生更有效的公共服务效果。

（二）东莞市志愿者和志愿组织参与应急救援工作的意义分析

一个地区的应急救援工作，关系着经济社会发展全局和人民群众的生命财产安全。大力推进志愿者参与东莞应急救援工作，有利于更加广泛地动员社会力量，提升东莞市应急救援工作水平，促进社会主义和谐社会建设。在现代社会，志愿者和志愿服务组织日益发挥出社会缓冲器、调节器和稳定器的社会功能，在社会运行方面具有重要的作用。

从现实和长远看，东莞市志愿者和志愿组织参与应急救援工作具有多重社会意义：首先，志愿者参与东莞市应急救援工作有利于唤起公民对社会重大事件的关注和参与，培育参与意识，有效地补充政府应急救援力量的不足，促进社会资源的更好整合。其次，志愿者参与东莞市应急救援工作能极大地激发参与者的社会责任感，有助于建立起民众广泛参与、民众自觉负责的应急救援机制，实现更好的应急救援效果。最后，志愿者参与东莞市应急救援工作有利于搭建起参与者专业素质和实际能力提升的平台，更好地促进志愿者健康人格的形成，实现人的自由全面发展。

二、服务需求的特点分析

应急志愿服务需求分析最重要的就是功能定位，即这个服务体系将要服务什么目标。东莞经济社会的快速发展使得东莞的风险社会特征和公民的责任意识特征都很突出。当前，东莞正处于工业化、城镇化快速发展时期，各种传统的和非传统的、自然的和社会的风险及矛盾交织并存，公共安全和应急管理工作面临严峻形势。

（一）东莞风险社会的主要特点

第一，现代社会加剧而不是减少了东莞社会的风险性。就自然风险讲，东莞市地处东南沿海地震带内带，历史上没有破坏性地震记载，但河源—邵武、紫金—博罗两个既深又大的断裂经过东莞，东莞地震基本烈度为Ⅵ、Ⅶ度，地质环境复杂。同时，东莞经济发达，人口稠密，是国家、省确定的地震重点监视防御区之一，一旦发生中强度破坏性地震，将会造成巨大损失，防震减灾任务艰巨。此外，由于毗邻海洋，也有可能发生台风和海啸。

第二，就环境风险而言，东莞距离大亚湾核电站很近，灾难的突发性以及破坏性远超想象，日本大地震、海啸以及核辐射危机就是最好的警告。

第三，就人造环境和人造风险而言，东莞企业众多，工程建设规模大、数量多，安全生产形势严峻。由于经济发展较快，能源、资源、运输供给长期偏紧，再加上安全生产基础薄弱，一些企业出现责任不落实、监管不到位的情况，生产安全事故时有发生。

第四，就社会风险而言，其在东莞尤其突出。比如，贫富分化、劳资纠纷、移民社会的文化冲突等，社会安全面临新的挑战。

此外，公共卫生事件防控难度增大。由于东莞地处改革开放前沿，且东莞气候温暖湿润，容易诱发多种传染病，公共卫生事件诱因和影响都呈现较强的国际性特点，疾病的防控难度加大。

（二）东莞突发公共事件主要分类

《东莞市突发公共事件总体应急预案》把突发公共事件分为以下四类：

1. 自然灾害

主要包括水旱灾害，以及台风、暴雨（雪）、雷电、灰霾、冰雹、龙卷风、大风、大雾、沙尘暴、高温热浪、低温冻害等气象灾害，火山、地震、山体崩塌、滑坡、泥石流等地质灾害，风暴潮、海啸、赤潮等海洋灾害，重大生物灾害和森林草原火灾等。

2. 事故灾难

主要包括民航、铁路、公路、水运等交通运输事故，工矿商贸企业、建设工程、公共场所及机关、企事业单位发生的各类安全事故，造成重大影响和损失的供水、供电、供油、供气、通信、信息网络、特种设备等安全事故，核辐射事故，环境污染和生态破坏事故等。

3. 公共卫生事件

主要包括传染病疫情、群体性不明原因疾病、食品安全和职业危害、动植物疫情，以及其他严重影响公众健康和生命安全的事件。

4. 社会安全事件

主要包括危及公共安全的刑事案件、涉外突发事件、经济安全事件以及群体性事件等。

由此可见，东莞的区域特点以及东莞的移民社会特点导致东莞不仅有可能发生一般的自然灾害和事故灾难，而且发生公共安全事件和社会安全事件的风险较大，这就使得东莞的应急救援机制、应急队伍建设具有非常重要的意义。

鉴于东莞的风险社会特点，东莞市政府很重视专业应急救援队的建设，但是应急志愿者队伍建设还处于起步阶段，这应成为东莞市队伍建设的重点。此外，东莞的应急志愿者动员与组建机制也急需完善，以适应东莞应急救援的需要。

第四节　东莞应急志愿者动员与组建机制现状分析

东莞市已经率先建立起覆盖全社会、与政府服务和市场服务相衔接的社会志愿服务体系。2010 年底，各镇（街道）

全部建立了志愿服务中心，各村（社区）全部建立了志愿服务站，各申报文明单位、文明窗口的单位建立了志愿服务组织。中共东莞市委、东莞市人民政府《关于进一步发展志愿服务事业的意见》规定，到 2011 年前，机关事业单位、学校、组织将普遍建立志愿服务组织，全市注册志愿者人数占城市人口总数的比例达到 12% 以上。

东莞市已成立东莞市志愿者协会组织，组建东莞市志愿者拓展服务总队、东莞市绿羊羊志愿服务总队等志愿者队伍，参与了亚运会等大型社会活动，有很好的基础和经验。鉴于东莞的风险社会特征和志愿者组织的发展情况，如何把志愿者队伍纳入应急管理体制以便使东莞的志愿者救援成为应急救援的组成部分，即东莞市应急志愿者动员与组建机制研究是本课题的主要任务。研究东莞市应急志愿者组建与动员机制，制定东莞市应急志愿者管理办法，加强对东莞应急志愿者队伍的招募、组织和培训是国务院《关于全面加强应急管理工作的意见》的明确要求。

一、机制的发展与现状

东莞市已经具有较好的志愿者组织基础。2007 年东莞市成立了东莞市志愿者协会，东莞的 32 个镇区都有志愿服务中心，下设 300 个志愿者服务站、1000 支志愿者服务队，拥有 20 多万名志愿者。2005 年 12 月组建的东莞市志愿者拓展服务总队是市志愿者协会管理的一支志愿者服务总队。总队到 2019 年止共有注册志愿者 1300 人，已经成立了四支分队。2010 年 12 月，东莞市绿羊羊志愿服务总队成立。2010 年 11

月，15 名东莞志愿者走出国门，开始为期一年的海外志愿者
服务工作。这是东莞志愿者第一次赴海外服务，东莞也成为
继中山之后第二个独立承办援外项目的地级市。[1] 东莞市的
志愿者在社区服务、妇女儿童服务、新莞人服务领域表现突
出，还成立了专业的志愿者队伍。良好的志愿者队伍建设为
应急志愿者队伍建设打下较好的基础，而志愿者参与应急救
援就需要有完善的应急志愿者动员与组建机制。近几年，东
莞启动了应急志愿者动员与组建机制的建设。

二、机制建设分析

（一）东莞市应急志愿者动员与组建机制的规范建设

2007 年，制定了《东莞市突发公共事件总体应急预案》，
规定了东莞市突发公共事件的组织体系和运行机制，建立了
以政府为主导的突发公共事件管理与运行体制，明确了要建
立健全应对突发公共事件的预防与监控、预测预警、信息报
告、应急处置、恢复重建及调查评估等机制，提高应急处置
能力和指挥水平。

2009 年中共东莞市委、东莞市人民政府《关于进一步发
展志愿服务事业的意见》率先建立起覆盖全社会、与政府服
务和市场服务相衔接的社会志愿服务体系，其规定：

第一，积极探索政府引导、社团运作、公众参与的志愿
服务新模式，创新志愿服务的招募、注册、管理、评价、激

---

〔1〕《15 名东莞志愿者赴塞舌尔传爱心》，载 http://dg. bendibao. com/
news/20101210/content57831. shtm。

励等机制。

第二，提出应急救援志愿服务是专业救援的重要辅助力量，是政府应急救援体系的重要组成部分。组织开展应急救援志愿服务活动，动员志愿者普及防灾避险、疏散安置、急救技能等应急处置知识，参与重大自然灾害和突发事件的抢险救援、卫生防疫、群众安置、设施抢修和心理安抚等工作，提高社会和公民的应急处置能力。

第三，把应急救援志愿服务纳入政府应急反应体系，依托有关职能部门、行业协会和专门学会，组织有相关知识、经验和资质的志愿者成立专业救援服务队，提高应急救援的专业化水平，保证志愿者关键时刻能服务、会服务。

第四，创新应急志愿服务的组织动员方式，借助网络、移动电话等便捷通信工具，推动公众力量有序参与和应对突发事件。

2010年7月，东莞市人民政府《关于印发东莞市综合应急救援队伍建设三年规划的通知》有关东莞市应急队伍建设的规定如下：

第一，坚持专业化与社会化相结合，着力提高基层应急队伍的应急能力和社会参与程度。从2010年开始，利用三年左右的时间，深入推进市、镇、村三级综合应急救援队伍体系建设，力争把东莞市综合应急救援队伍力量做大做强，初步形成综合应急救援队伍与各应急救援专业队伍有效联动的综专联动的应急救援力量体系。

第二，建立应急救援调度指挥机制，包括建立统一常设的指挥机构、互联互通的调度系统及高效协调的联动机制。

完善应急救援保障机制，强化综合应急救援培训演练。

第三，规定应急救援志愿者队伍履行以下职责：开展应急知识的科普宣教工作，参加应急救援演练，积极参与突发事件的应急救援工作。

2010 年 7 月发布的《东莞市综合应急救援办法（试行）》规定了应急志愿者的激励和保障机制：志愿者参加应急救援工作或者受指派协助维护社会秩序期间，其在本单位的工资和福利待遇不变，对表现突出、成绩显著的，依据国家和省、市相关规定给予表彰或者奖励；各级政府对在应急救援工作中伤亡的救援人员依法给予抚恤。

东莞的应急志愿者管理工作逐步走上规范化、制度化和法制化的轨道。

（二）东莞市应急志愿者管理组织和管理平台的建设

志愿者管理组织和管理平台建设是应急救援管理的重要依托，包括应急管理的组织和领导、信息发布与统计、志愿者注册与管理、救援动员与组织等。东莞市已经建立了以政府为主导的应急管理体制，初步形成了应急志愿者管理组织和管理平台。

《东莞市综合应急救援办法（试行）》规定了加强与专业、专兼职志愿者队伍的协调联动、经常开展联合演练，加强沟通，做好信息联动、工作联动。组织机构建设内容包括：

第一，明确东莞市政府是全市突发公共事件应急管理工作的最高行政领导机构，在市长的领导下，研究、决定和部署突发公共事件应急管理工作。

第二，设立东莞市突发公共事件应急委员会，作为全市突发公共事件应急领导机构。

第三，建立东莞市突发事件应急管理专家库，成立东莞市突发事件应急管理专家组。

第四，成立东莞市应急志愿者服务工作联席会议。

（三）应急志愿者管理组织和管理平台的建设

第一，2007年编制并通过了《东莞市突发公共事件总体应急预案》，之后东莞开始每年编制并组织实施《东莞市突发公共事件总体应急预案》。

第二，2010年3月，东莞首个应急管理门户网站——"东莞市应急网"正式开通，其开国内城市应急管理之先河。该网站设置信息中心、市民服务、培训中心、理论研究、政务管理等板块，在体现东莞特色的基础上，强调其综合性、专业性、区域性、互动性的特征。

第三，已有东莞市志愿者网站、东莞市志愿者拓展服务总队网站、东莞市环保志愿服务总队网站以及东莞市各镇街及众多的专业志愿者网站，这些网站都进行了招募注册志愿者活动，组织志愿者培训和开展活动。

（四）组建和规范应急志愿队伍的尝试

2006年，东莞市青年志愿者协会招募青年志愿者组建地震应急青年志愿服务队并制定了《东莞市地震应急青年志愿者工作规则》，该规则规定了应急志愿者的条件、组建地震应急青年志愿服务队宗旨、救援内容、任务、组织构成；明确了志愿者权利和义务；规定了可利用学校招募、单位招募、社区招募、在公园广场等设点招募和网上招募等形式进行；同时规定了志愿者宣誓、培训内容等；明确了经费来源包括组织筹集以及接受社会团体和个人捐助。

综上所述，东莞市在应急志愿者动员与组建机制的规范建设、应急志愿者管理组织和管理平台建设以及组建和规范应急志愿队伍方面都进行了一定的工作，具备良好的基础和条件。但显而易见的是东莞市没有专门的关于应急志愿者组建与动员的规定，还没有全面开展应急志愿者的招募和培训工作，应急志愿者动员与组建机制还有很多方面需要完善。东莞应积极学习发达国家有关经验，建立和完善东莞市应急志愿者动员与组建机制。

第五节 完善东莞市应急志愿者动员与组建机制研究

一、组建专业组织与机构

志愿者组织历史悠久，数量众多，涉及范围非常广泛，其中不乏专门针对突发事件的志愿者组织，它们是应急管理的一支重要力量。

（一）各国对应急志愿者的认证

美国法律对应急志愿者实行认证和许可。美国通过要求专业人士具有执照和相应证书的方式对境内的服务进行数量控制，这些规定影响的职业种类繁多，特别是与应急管理有关的医疗保健、建筑师和工程师等职业。[1]

---

〔1〕 宋劲松：《我国应急救援应慎用志愿者》，载《学习时报》2010 年 9 月 27 日，第 4 版。

德国应急救援志愿者队伍救援知识和技能的专业化是建立在应急救援任务专业化分工基础之上的。德国应急救援力量主要由政府消防部门、联邦技术救援署下属的技术救援协会和五大志愿者组织三部分构成。针对德国常发灾种，三支应急救援力量有着明确的分工。

在英国，警察一般会对突发事件区域实行戒严，政府只使用经认可的志愿者，这些志愿者有相关的意外伤害保险和受过专业培训。

（二）各国对应急志愿者管理机构和管理平台的建设

美国的红十字会等非政府组织体系庞大，覆盖面十分广泛，平时组织培训志愿者，在发生突发事件时就提供紧急服务。不仅如此，美国于1970年还成立了"国家灾害志愿者行动组织"，对其下辖的三十多个从事应急管理的非政府组织进行整合，以免任务重叠、资源浪费。2002年1月，美国时任总统布什批准成立了专门应对突发事件的公民服务队，由国土安全部联邦紧急事务局主管。[1]

德国设立统一的应急管理指挥平台，协调各专业救援力量。德国州政府及大城市的消防局都设有应急指挥平台。一般性的灾害由消防部门负责指挥调度各方救援力量，实施应急救援。灾害的危害程度超出州的应对能力时，则由联邦政府借助于联邦应急管理统一指挥平台系统，实施跨州联合应急救援。

---

〔1〕 王宏伟、吴博进：《应急管理中的志愿者参与》，载《城市与减灾》2008年第6期。

（三）通过培训突出专业性

培训是志愿者组织工作的一项重要内容。一般情况下，报名参加志愿者组织后首先就要接受相关的培训。在澳大利亚，参加应急管理的志愿者必须接受一系列的培训，包括水上划船安全急救、灾害财产保护等，必须达到职业标准且能熟练操作各种复杂的抗灾设备。从职业上看，国外志愿者本来就是从事某些工作的专业人士，如医护人员、心理干预人员等。他们平时的工作内容就与应急救援高度相关，非专业人员也要获得专业资质。在日本，对于某些志愿者而言，志愿活动虽然是业余工作，但应具有专业资质，因此他们在参加志愿工作前要接受专业的培训和严格的考核，以获得专业化的知识和技能。

（四）注重保障

首先，通过立法保障应急志愿者的权利和利益。《德国联邦技术救援志愿者法》第 3 条第 1 款规定，雇员不得因履行技术救援服务义务损害其劳动关系、社会与失业保险及其企业年金。若志愿者在工作时间参与救援或培训行动，则志愿者被免除（在原单位的）工作义务，并将继续保障其在参与救援期间的劳动报酬，正如其不参与救援本来可以得到的一样。其失业保险、企业年金中的保险关系不受技术救援服务的影响。而企业的支出则由政府予以支付。[1] 美国通过《好撒玛利亚人法》（在紧急状态下，施救者因其无偿的救助

---

〔1〕 昌业云：《德国专业化应急救援志愿者队伍建设经验及其借鉴》，载《中国应急管理》2010 年第 8 期。

行为，给被救助者造成某种损害时免除责任的法律)，《志愿者保护法》，《政府豁免权》，《工人赔偿法令》，应急管理和国土安全法律以及保险和合同协议保护应急志愿者的权利和利益。[1]

其次，建立应急志愿者的激励机制。德国中央政府和地方政府创新志愿者奖励方式方法，如在招录公务员、招聘员工、招生时，同等条件下优先录用应急救援志愿者，或给予物质、荣誉上的奖励，鼓励公民加入应急救援志愿者队伍。

最后，西方国家的志愿者组织内部结构完备，可以为志愿者行动提供完善的保障，包括信息、技术、设备、后勤、资金，等等。例如，澳大利亚的志愿消防员享受政府给予的火灾伤害保险，如果参加火灾扑救，原单位的工资不得扣发；如果因灭火救援负伤，工资照发，医疗费则由保险公司支付。所有志愿消防站均由政府按照规划建设营房和配备车辆，每个消防站配有1~3辆消防车和各种装备。

综上所述，完善的应急志愿者动员和组建机制确保了应急救援服务的持久和深入，值得我们借鉴。

二、完善动员与组建机制

首先，东莞市还没有完善的应急志愿者动员与组建机制，因此相关资源难以整合。其次，普通志愿者由于缺乏管理和培训以及专业技能，很难很快投入到应急救援中去。最后，

---

〔1〕 宋劲松：《建立志愿者参与突发事件的新机制》，载《理论参考》2011年第6期。

相关规范的缺失导致应急志愿服务缺乏明确的经费保障和权利保障，因此东莞市的应急志愿者队伍建设和应急管理体制建设很难与东莞的发展相适应。综上，东莞市应当以应急志愿者工作和服务制度化、专业化、社会化和品牌化为目标，尽快完善东莞市的应急志愿者动员与组建机制。

（一）制定《东莞市应急志愿者队伍组建方案》

广东省台山市、佛山市、江门市都已经出台了《应急志愿者队伍组建方案》。东莞市应借鉴佛山等地的经验，以《广东省应急志愿者队伍组建方案》为依据，制定《东莞市应急志愿者队伍组建方案》，并参考台山等市已经出台的《应急志愿者队伍组建方案》且结合东莞的实际情况制定《东莞应急志愿者管理办法》，对东莞市应急志愿者招募与认证、来源与条件、分类与分级、培训与管理、权利与义务、职责与内容进行明确。同时借鉴发达国家应急志愿者组建与动员的经验，创新东莞市应急志愿者分类、救援内容、组建培训、管理、保障机制。

（二）完善东莞市的应急志愿者队伍建设

东莞市 2010 年出台了《东莞市综合应急救援队伍建设三年规划（2010—2012 年）》，该规划规定坚持专业化与社会化相结合，着力提高基层应急队伍的应急能力和社会参与程度。《东莞市综合应急救援队伍建设试点工作方案》和《东莞市综合应急救援办法（试行）》鼓励现有各类社团组织参与基层应急队伍建设，鼓励志愿者组织在工作范围内充实和加强应急志愿服务内容，为社会各界力量参与应急志愿服务提供渠道。

根据国内其他地区的经验和东莞的实际情况，东莞市应从以下几个方面加强应急队伍的建设：

1. 成立东莞市应急志愿服务总队

目前四川、重庆、北京、杭州、贵州等都组建了应急志愿服务总队。2008 年四川省应急志愿服务总队成立，这支队伍由来自四川各地的近 5000 名志愿者组成，分为抢险救援、医疗卫生、心理调适等多个服务分队。[1] 同年，杭州市成立城市应急志愿服务总队，建立一支专门的城市应急志愿服务队，目的是在突发事件中协助政府为社会提供消防安全、医疗卫生、防汛抗洪等志愿服务。2009 年重庆市成立应急志愿服务总队，规模计划为 3000 人，参与应对自然灾害或突发性公共安全事件。该队设应急抢险救援、应急医疗卫生、应急心理调适、应急机动服务四支队伍。2010 年新增无线通信、机动救援服务队，将原心理调适服务队调整为心理疏导服务队，原机动服务队调整为后勤保障服务队。[2] 重庆市应急志愿服务总队以"自我管理、自我运转"模式，开展专业技能培训、演练和宣传等工作。紧急状态下，即发生自然灾害、事故灾难、公共卫生事件、社会安全事件等突发公共事件后，根据实际情况和统一部署，开展应急志愿服务工作。2010 年5 月，北京市按照专业化、规范化、组织化、国际化的要求，以北京红星志愿救援队等民间自组织团队为基础，整合社会

---

〔1〕《四川组建应急志愿服务总队》，载 http：//www. gov. cn/jrzg/2008-10/13/content_1119452. htm。

〔2〕《应急志愿服务总队招募 200 名志愿者》，载 http：//news. sina. com. cn/o/2010-05-13/062317503270s. shtml。

资源，联合各方力量组建了全国第一支综合应急志愿服务队伍，总队以防灾减灾、守护"家人"、保卫"家园"为己任，倡导"彼此温暖、不离不弃"的人文理念，以"经常化储备、规范化管理、常态化服务、品牌化培育、项目化配置、信息化支撑、社会化运作"为指导思想为社会提供综合应急志愿服务。到 2019 年止，团队开展的主要志愿服务项目有应急通信、城市保障、山地救援、地震救援、卫生救护、心理干预、大型活动保障等。贵州省青年志愿者应急救援服务总队通过在高校、机关、企（事）业单位、人民群众中招募的方式，广泛吸纳有志愿奉献精神而又有相关专业技能的人员，并对志愿者信息资料详细注册和归类入库。

东莞市可借鉴前述省市的经验，建立具有东莞特色的应急志愿服务总队，由东莞市志愿者协会发起。根据东莞的特点，东莞市应急志愿服务总队可设抢险救援、医疗卫生、心理疏导、维稳协调、无线通信、机动救援、后勤保障等分队。

2. 通过对普通志愿者加强培训的方法使普通志愿者满足应急救援的需要

要加强团队建设和站点建设，提高基层应急志愿服务能力：一是建立专业性的志愿者服务组织，把有一技之长的专业人员组织起来，为一些特殊需求的服务对象提供专业的服务；二是发挥共青团和红十字会的作用，建立青年志愿者和红十字志愿者应急救援、服务队伍，开展科普宣教和辅助救援工作；三是建立志愿者信息库，并加强对志愿者的管理和培训；四是通过多种渠道提高基层应急队伍的社会化程度；

五是充分发挥街道、乡（镇）等基层组织和企事业单位的作用，建立群防群治队伍体系，加强应急法规宣传和应急知识培训。

东莞市可以通过对志愿者进行培训、选拔组建专业应急志愿者和非专业应急志愿者队伍的过程，完成应急志愿者的招募与组织管理，从而发挥应急志愿者在应急救援体系中的应有作用，从而更好地推进和谐社会的建设。

三、谋求动员组建机制的创新

（一）创新志愿服务的招募、注册机制

第一，建立经常性招募机制，规范招募选拔标准，拓展招募信息发布渠道，逐步实现从以组织系统招募为主向以社会公开招募为主的转变。

第二，全面推行志愿者注册管理制度，完善注册志愿者信息管理系统，建立注册志愿者的个人志愿服务档案，探索建立社会化招募机制。

第三，充分发挥现有志愿者队伍招募应急志愿者的作用。

第四，鼓励现有各类志愿者组织在服务范围内充实和加强应急志愿服务内容，为社会各界力量参与应急志愿服务提供渠道。

第五，重点发挥好社区志愿者参与应急志愿服务的作用。

第六，建立专业应急志愿者认证制度。

（二）创新应急救援志愿服务体系机制

积极探索政府引导、社团运作、公众参与的志愿服务新模式。首先，创新应急救援志愿服务体系是以政府为主导的体系，即建立一个由东莞市应急办牵头、各相关职能部门和东莞市团组织共同参与的应急志愿管理体系，才能为社会提供完备、高效的应急志愿服务。其次，创新团市委领导下的志愿者协会及其各地分会对应急志愿服务的具体组织工作和对应急志愿者的日常管理工作。在东莞市志愿者协会建设应急志愿者分会，组建应急志愿者总队和分队。最后，创新东莞市已经建立的三级志愿服务组织体系，即市志愿者协会、镇（街道）志愿服务中心及村（社区）志愿服务站和机关团体、大中专院校、企事业单位和民间团体的志愿者组织，发挥上述基层志愿组织的作用。

（三）创新应急救援培训机制

首先，对专业应急救援志愿者进行专业化、规范化的培训，包括系统的专业知识和专业技能培训。以技术救援志愿者的培训为例，德国技术救援署对技术救援志愿者的培训方式、培训内容、培训时间都作出标准化、规范化的规定。东莞可借鉴其经验。

其次，应当明确应急办负责指导各地的应急救援志愿者的专业化培训工作，负责研究应急志愿者的组织和参与问题，开发有关志愿者参与应急救援工作的项目，制定应急志愿服务工作制度、规范工作程序、明确应急志愿服务的实施内容，并承担培训认证任务。

最后，应把危机防范和应对知识与能力作为普法教育的重点内容。2008 年 6 月 23 日，胡锦涛同志在中国"两院"院士大会的讲话中指出，必须把自然灾害预测预报、防灾减灾工作作为关系经济社会发展全局的一项重大工作进一步抓紧抓好。将灾害预防等科技知识纳入国民教育，纳入文化、科技、卫生"三下乡"活动，纳入全社会科普活动，提高全民防灾意识、知识水平和避险自救能力。把危机防范和应对知识与能力作为普法教育的重点内容来开展，持续性地推动这方面的教育培训宣传工作走向规范化、制度化、高效化，提升志愿者的危机防范和应对知识与能力。这一点，在我国的《突发事件应对法》中也有比较明确的规定。

邻邦日本是地震、火山等自然灾害多发国家，其积累了非常丰富的应对突发灾害、受灾民众安置和灾后恢复重建的经验，他们的危机应对知识教育和能力培养系统化、重实效，值得我们研究与借鉴。东莞的普法教育也应当把教育演练作为一项重要内容加以安排，还应将危机防范和应对知识与能力养成作为志愿者培训的重点。

（四）创新应急管理平台建设机制

首先，应探索建立网络化组织机制。一是要加强志愿者协会的管理。志愿者协会作为全市志愿者工作的管理协调机构，要积极发挥社会联络、组织协调、项目推进、资源整合等功能，建立相应的分支机构。二是要在运行层面加强指导。随着志愿服务领域越来越广，服务要求越来越高，对应急志愿者的要求也越来越专业化。对志愿者进行科学培训和指导，是进一步拓宽服务领域、确保服务效果的基础性工作，是促进社区志愿者规范化建设的重要一环。

其次，应建立应急志愿者的信息网络，以便更有系统地发掘和动用社会的人力和财力资源。成立应急志愿者资源中心，建立地区性和社区性志愿者资源网络及有效的服务中介系统，以作为招募和统筹应急志愿者的途径。应急志愿者信息管理系统的建立可以先在不同的志愿者组织中进行试点研究，等到时机成熟时再建立一个全市统一的信息系统。

最后，完善在志愿者管理和研究方面有丰富经验的专家队伍的信息库。在调用应急志愿者参与危机管理的过程中，专家队伍将发挥重要的作用，尤其在技术分析和信息处理方面，专家会发挥关键的作用。专家提供的技术和信息将影响到志愿者参与危机处理工作的决策可行性及决策的执行、监督和评估。

（五）创新应急志愿者的激励和保障机制

《东莞市综合应急救援办法（试行）》对志愿者的保障作出了相应的规定，志愿者参加应急救援工作或者受指派协助维护社会秩序期间，其在本单位的工资和福利待遇不变，对表现突出、成绩显著的，依据国家和省、市相关规定给予表彰或者奖励。各级政府对在应急救援工作中伤亡的救援人员依法给予抚恤。

首先，应考虑健全激励机制，要建立一整套激励体系，面向社会征集并制作全市统一、社会承认的奖章和证书，通过对志愿者服务经历的认可、表彰、激励，吸引更多社会公众加入到志愿者队伍中来。[1]

其次，要依法保障应急救援志愿者的劳动关系及劳动报酬，促使企业支持员工加入应急救援志愿者队伍，积极参与

---

〔1〕《宁波社区志愿者工作机制构建研究》，载 http：//www.docin.com/p-81712741.html。

应急救援。政府为志愿者购买意外保险，免除其后顾之忧。此外，还要明确志愿者在从事救援服务中造成的物质损失的赔偿办法。

最后，要积极拓宽应急志愿服务的经费来源渠道，从而保障应急志愿服务的顺利开展。在争取政府资金支持的同时，建立一个"财政拨款+基金资助+社会赞助"的资金筹措机制。[1] 在这三种资金来源渠道中，政府的财政拨款是最稳定也是最有效的。随着社会的不断进步和志愿者组织的不断发展，基金资助和社会赞助必然会成为应急志愿服务经费来源的主要渠道，所以我们现在可以采取一些积极的财政政策来吸引来自社会的资金，如成立专门的应急志愿服务基金会。总之，要改革目前的经费募集机制，创新思路，最大限度地拓宽应急志愿服务的经费来源渠道。

---

〔1〕《李家华：关于推进志愿者参与国家应急救援工作的思考》，载 http://www.anhuinews.com/zhuyeguanli/system/2010/06/25/003190457.shtml。

参考文献

1. 陈发桂：《法治新时代维护社会稳定的着力点、挑战及路径选择》，载《桂海论丛》2017年第5期。

2. 陈发桂：《从防控到善治：涉法涉诉信访法治化建构的制度逻辑》，载《理论导刊》2017年第6期。

3. 陈发桂：《法治维度下基层维稳机制理性建构的路径探析》，载《行政与法》2014年第2期。

4. 唐会兵：《基于法治思维的基层维稳路径探究》，载《理论观察》2015年第8期。

5. 冯波、夏从亚：《社会治理视域下基层维稳工作创新研究——以L县"大调解"工作体系为个案》，载《东岳论丛》2015年第5期。

6. 刘刚、张辰琛：《当前我国的基层维稳理念：主要误区及转型建议》，载《才智》2015年第8期。

7. 陈安、赵燕：《我国应急管理的进展与趋势》，载《安全》2007年第3期。

8. 陈安、李铭禄、陈宁：《现代应急管理的若干理论与实践新思路》，载《中国科学院院刊》2008年第6期。

9. 韩芸：《应急救援志愿服务管理体制与运行机制探讨》，载《青年探索》2010 年第 2 期。

10. 江汛清：《国外应急志愿服务的特点及对我国的启示》，载《青年探索》2010 年第 2 期。

11. 丁丽红、许文星：《论应急志愿服务法律制度的建立》，载《中国法学会行政法学研究会 2010 年会论文集》。

12. 莫于川、梁爽：《社会应急能力建设与志愿服务法制建设发展——应急志愿服务是社会力量参与突发事件应对工作的重大课题》，载《行政法学研究》2010 年第 4 期。

13. 彭晓伟、王习明：《在公共危机的治理中推进民间组织健康发展——"公共危机和公共参与"研讨会综述》，载《社会经济体制比较》2009 年第 1 期。

14. 何萍：《关于建立地震应急救援志愿者管理机制的思考》，载《中国科技信息》2010 年第 2 期。

15. 郭珞：《浅谈志愿服务的立法》，载《当代青年研究》1998 年第 3 期。

16. 昌业云：《德国专业化应急救援志愿者队伍建设经验及其借鉴》，载《中国应急管理》2010 年第 8 期。

17. 贺文龙：《青海群团组织构建联动工作机制》，载《工会信息》2011 年第 1 期。

18. 叶文娟、邢生祥：《我省群团组织构建联动工作机制推动党的群众工作》，载《青海日报》2011 年 1 月 5 日，第 2 版。

19. 叶松竹梅：《发达国家志愿者服务的立法研究》，载《法制与社会》2008 年第 14 期。